U0504584

浙江省社科规划课题成果"浙江四大都市圈区域物流协同发展评价、时空差异及促进机制研究"（22NDJC171YB）

宁波市哲学与社会科学重点研究基地
"数字经济创新与枢纽自贸区联动研究基地"部分资助成果

浙江四大都市圈区域物流协同发展评价、时空差异及促进机制研究

王芬 著

上海三联书店

前 言

　　在浙江省四大都市圈区域物流协同评价这一主题上,将深入探讨浙江省的四大都市圈:杭州、宁波、温州和金义都市圈的区域物流协同度。本书旨在通过构建合理的评价指标体系,对这四个都市圈的区域物流发展水平和协同水平进行科学评估,了解其分异情况,并提出具体的机制建议。

　　本书的写作目标是为读者提供一套较为全面、客观、有效的都市圈物流协同评价体系,以了解浙江省四大都市圈的区域物流协同现状。通过深入分析各都市圈的物流协同发展状况,本书旨在促进各都市圈之间的物流协同发展,提升整体物流效率和质量,进一步推动浙江省的经济发展。

　　在构建评价指标体系时,将充分考虑各项因素,包括但不限于物流需求子系统、物流供给子系统和物流支撑子系统。通过运用科学的方法对各指标进行权重赋值,能够对每个都市圈的物流发展水平和协同水平进行量化评估。

　　最后,本书将提出一系列机制建议,以提升各都市圈的物流协同水平。这些建议将围绕政策引导机制、协同平台机制、信息共享机制和评价激励机制等方面展开,旨在推动浙江省四大都市圈的物流协同发展,为浙江省及全国的经济发展贡献力量。

希望本书能帮助读者更好地理解浙江省四大都市圈区域物流协同的现状与未来发展趋势,为相关政策制定和企业决策提供有益参考。

目 录

第一章

导　论

第一节　研究背景与意义

区域经济高质量发展需要现代化物流的支撑,现代物流业是社会现代分工和专业化高度发展的产物,在第三产业中的占比越来越大。现代物流业可以提升区域经济运行效率,降低运行成本,其发展水平已经成为衡量区域综合竞争力的重要标志。但长期以来,由于行政区划分割导致"块块经济",使区域物流产业发展出现要素同构、基础设施建设不能系统化、信息流通不顺畅、企业间恶性竞争等问题,削弱了区域物流的整体服务效率,阻碍区域物流协同发展,成为制约区域经济一体化高质量发展的短板。

一、研究背景

区域物流是区域经济发展的基础和血脉,对区域经济的发展具有极大的推动作用,可以最大限度地发挥区域物流基础设施的能力,促使物流各功能要素合理衔接,实现区域物流的空间效用、时间效用,促进本地区经济发展。

1. 区域物流是区域经济增长的基础保障

区域物流作为区域经济得以实现和运行的必要条件之一,区域物流区别于商流、资金流、信息流等其他三流,必须克服实际的物理距离,将物资从生产者转移到消费者手中,从而实现物资真正流通,促使交易达成。区域物流的发展程度、效率高低直接影响着区域经济的范围和效率。在区域经济一体化的过程中,区域物流服务范围和效率的提升能进一步发挥区域"增长极"的集聚和扩散功能。通过强化中心城市对周边地区的服务功能,扩大"增长极"辐射范围,使周边区域商流、资金流、人流、信息流等要素迅速向中心城市集聚,进而不断巩固中心城市"增长极"的地位。

2. 区域物流的发展能降低区域经济运行成本

区域物流的发展能降低区域经济运行成本,特别是相应的交易成本。区域物流的发展主要表现为区域范围内物流园区等物流基础设施建设特别是物流网络体系的构建、物流技术的发展、物流效率的提高,实现物流资源的优化配置和共享,减少物流重复建设和投资。在此过程中,区域物流业的相关要素逐渐聚集,要素之间沟通合作进一步加强,进而形成规模效益,促使交易信息费用降低。物流各要素在沟通合作过程中建立的信任和承诺能减少不同环节、不同交易主体之间的沟通、运作风险,降低相关交易费用成本。同时,由于物流各要素流动过程带来的技术扩散将提高区域物流各主体对外部不确定环节的认知,降低交易过程中作为交易主体"有限理性"而相应产生的成本费用。

3. 区域物流的发展能优化区域经济产业结构,促进关联产业的发展

现代物流业作为第三产业支柱产业,是典型的技术密集型产业、劳动密集型高附加值产业,区域物流的发展必然影响第三产业在区

域经济结构中的占比。作为现代经济分工和专业化高度发展的产物，区域物流的发展能带动资金流、商流、信息流等要素流向运输、仓储、金融等相关行业，促进区域内金融、信息、批发零售等行业的发展，在增加第三产业体量的同时，提升第三产业中高附加值行业的占比，实现区级经济产业结构优化。并且，区域物流在发展过程中需要吸引大量劳动力，这能促进第一产业、第二产业的劳动力向第三产业转移，促进区域经济产业结构合理化调整。

4. 促进区域内产业协同和集聚

区域物流能够促进区域内产业协同和集聚，形成产业聚集区和产业链条。通过区域物流的发展，可以实现产业要素的流动和集聚，形成产业聚集区和产业链条。促进区域内产业结构的升级和转型，区域物流服务能够为区域内的企业提供高效、便捷的物流服务，提高企业的生产效率和市场竞争力，从而促进区域内产业结构的升级和转型。

5. 加速区域一体化发展

区域物流可以为不同城市之间提供高效的物流服务，缩小城市之间的距离，促进不同地域间的贸易往来，区域物流可以通过物流信息化、网络化和标准化的手段，将不同地域的物流网络有机地连接起来，实现物流信息的互通、物流配送的无缝衔接，更好地促进区域内城市之间的经济互动和交流，为区域一体化发展提供有力支撑和保障。

二、选题意义

2020 年，浙江省"十四五"规划提出"大力推进杭州、宁波、温州、金义四大都市区建设，提升在长三角世界级城市群中的功能地位"，要求全省域融入长三角一体化，省域一体化发展格局基本形成。未来，浙江将建设"以四大都市区核心区为中心带动，以四大都市经济圈为辐射拓展的四核、四带、四圈"网络型城市群空间格局"。浙江四大都市圈的建设对其区域物流发展提出了更高的要求,区域物流协同发展有利于加快都市圈的整合和协调发展,提升都市圈竞争力。就浙江而言,各都市圈所处地理位置、资源禀赋、经济发展水平、产业结构、科技水平、人力资源等存在较大差异,区域物流的发展水平也存在较大差异,必须从都市圈物流系统整体及其所处经济环境的角度考虑都市圈物流系统的发展、规划和协调,发挥协同效应和整体优势。

1. 理论意义

本课题通过"区域物流协同"界定、对区域物流协同与都市圈一体化耦合互动关系进行剖析以及都市圈物流协同等学术问题研究,不仅创新和丰富区域物流理论、也拓展了都市圈发展理论。

本课题研究推进都市圈物流协同发展机制和组合政策,对这一问题的系统研究为区域物流协同发展提供丰富参考。

2. 现实意义

对浙江都市圈区域物流协同度进行科学评价并提出具体的发展机制。一是有助于科学厘清浙江四大都市圈物流产业协同发展的具体态势,把握都市圈物流协同发展的所处阶段,为都市圈物流发展提供理论支撑和科学参考,对全面提升浙江都市圈发展能级,助力浙江省域一体化发展有着重要意义。二是区域物流协同发展是区域经济协同发展的基础,区域物流协同发展,有利于促使物流系统合理分工,调整优化区域物流产业结构比例,促进区域物流资源的合理化布局,提升物流效率,降低物流成本,促使区域物流系统健康持续发展,进而带动区域经济发展。

第二节 国内外研究现状

一、区域物流研究现状

区域物流着眼于具有共同经济属性的地域空间内各物流系统的有机综合,它作为微观物流和宏观物流的衔接,属于中观层面,对区域物流发展的研究颇丰。

1. 区域物流对区域经济的促进作用

区域物流提升区域经济运行效率和效益,促进产业结构优化和关联产业发展。早在十八世纪,国外学者就开始探索区域物流与区域经济发展的关系。亚当·斯密指出,交通运输对一国的经济发展具有重要作用,为了经济发展的需要,国家有义务修建公路、桥梁、运河等公共设施,而且交通基础设施的发展要与经济发展相适应。Paul(1943)等指出交通运输和其他社会制度都是生产增长的源泉,主张发展交通运输来带动经济的繁荣和发展,并指出交通基础设施所形成的运输网络有利于生产力的提高。同一时期,在完全市场结构为基础下,采用局部均衡的分析方法,农业区位论学者指出在寻求最大收益的前提下,生产什么农作物的决策是由其所在地和市场之间的距离决定的,运费相对高的农作物应种植在接近城镇的地方,而运输费用相对较低的农作物应在距离城镇较远的地方种植。工业区位论学者指出通过对运输、劳力及集聚因素相互作用的分析和计算,找出工业产品的生产成本最低点,作为配置工业企业的理想区位。进一步地,中心地理论学者在综合农业区位论和工业区位论观点的基础上,提出有效的组织生产和流通必须以城市为中心,由相应的多级市场构成空间市场结构,优越的市场空间结构对企业区位选择和产业配置具有巨大吸引力。

随后,在区域物流与经济发展关系方面的研究层出不穷,Talley(1996)通过构建区域交通基础设施投资与区域经济生产的关系模型,试图探索区域交通基础设施投资对区域经济的影响。阿默德通过对发展中国家的道路投资研究,发现交通运输设施是基础设施的先行投资,交通运输设施的缺乏会直接影响其他基础设施的建设,进而造成区域经济市场的运转不畅。Pardmore(1998)指出,现代物流的扩散效应和回流效应能加速区域劳动市场、技术水平和行业创新水平的发展。Donald(1999)论述了经济全球化、区域经济一体化与区域物流发展的关系。

针对我国物流发展实际情况,张文杰(2002)在区域经济理论与成本交易理论的基础上,指出区域经济一体化、企业对核心竞争力的追求等因素促进了区域物流的发展,区域物流的发展则对区域经济的整体水平、产业结构调整、增长方式等方面有促进作用。进一步,Ying Qiu 等(2008)指出区域物流是决定国内区域经济健康的主要因素,区域物流的增长是区域经济增长的重要角色。

近年来,国内学者偏爱使用计量经济学的方法探究区域物流与区域经济的关系,引用的变量主要有区域生产总值、第一产业产值、第二产业产值、物流业产值、第三产业(不包括物流业)产值以及一些具体的细分行业数据,且使用的数据多为时间序列数据。利用投入产出法的,多研究区域物流与区域经济结构、经济效益、经济政策等方面的关系。李冠霖(2001)指出区域物流对第二、第三产业的发展有较大促进作用,可提升国民经济整体运行效益,且国民经济各领域的横向物流经济实体就是区域物流产业的经济实体。李靖辉等(2005)在对广东、福建等地数据的分析论证基础上,探究了区域物流与区域其他产业的关联关系,揭示了区域物流的一些特征,指出了区域物流在区域经济中的地位和作用。区域物流对区域经济发展有巨大贡献,区域经济发展不均衡的重要原因之一就是区域物流发展不均衡,作为生产性服务业,区域物流对第二产业的依赖性最强,为第二产业的发展提供了有力支持,且对区域经济的拉动能力仅次于第二产业,对区域经济的影响力远高于一般性服务行业。

利用其他计量经济学方法的,李文顺等(2004)指出区域经济增量与区域物流增量存在可靠的协整关系;刘楠等(2001)指出区域物流发展与区域经济增长之间是一种互为因果、相互促进的协调关系;崔国辉等指出区域物流与区域经济的关系呈现出比较稳定的长期均衡发展趋势;邵阳(2010)、陈志新(2013)等肯定了区域物流与区域经济存在长期稳定的相互促进关系,但由于部分区域物流仍处于初级阶段,区域物流对区域经济发展的促进作用并不显著。

2. 研究区域物流发展水平评价

汪波等(2005)通过现代物流系统内部情况、现代物流系统外部情况、现代物流系统发展的合理化指标,分别反映物流效率和物流服务的质量、外部环境对物流发展的促进作用、平衡发展程度,构建了趋于现代化物流发展评价指标,并以此为参照对天津市的物流发展状况进行打分,指出天津市物流发展状况总体处于起步后的发展阶段。

李永宁(2009)从物流规模、物流环境、物流效益、经济效益、生态效益、资源效益几个方面构建区域物流业可持续发展体系,并以此为基础,运用熵值法对江苏省物流业可持续发展进行了评价。魏国辰等在DPSB模型和环境-能力-绩效理论的基础上,从物流发展环境、物流发展能力、物流发展绩效三个方面构建了区域物流发展水平评价指标体系,并对京津冀物流发展水平进行实证研究,指出京冀物流绩效相近,天津物流绩效最小。

金凤花等(2010)基于场论和物流场论,从基础设施、经济发展水平、物流需求状况、产业规模和信息化水平五个方面构建区域物流发展评价体系,结合各经济区域之间的距离测算,利用区域物流场势模型综合分析了全国 30 个省级区域物流发展水平及其物流地位。

王鹏(2021)等从经济发展基础、物流运载能力、物流产业绩效、技术创新能力、绿色发展成效五个维度构建了区域物流高质量发展水平评价体系,并以此为基础将长三角 27 个城市划分为四个梯队,第一梯队的上海在多个指标上大幅领先其他城市。

3. 研究促进区域物流发展对策

重视交通通道、大型港口、物流中心及物流园区等基础设施投入。周伟(2009)基于京津物流的对比研究指出,物流资源集中程度、物流成本、物流社会化专业化程度、物流服务功能、信息化程度、区域物流组织水平等因素对区域物流发展有较大影响,并指出区域各物流节点的有效衔接和优化配置是推动区域物流发展的重点问题,区域政府应以区域内各海陆空物流中心为载体,以区域产业需求为基础,整合各类物流资源,建设标准化体系,优化经营模式,从"点、线、面"推动区域内物流基础设施发展。赵道致等(2005)在商业生态系统概念的基础上,提出物流业生态环境的概念,指出区域地理位置、是铁路、公路航空、港口等基础设施、工业结构体系和产业生态体系、管理体制、物流业自身服务水平和效率、区域经济一体化程度、政府行为干预、地区人员流动对区域物流发展有明显影响,并针对环渤海地区现状,提出利用现有运输体系及沿海优势,依托经济腹地,加强进出口业务和保税业务、加强老工业基地改革和区域内产业和企业特别是物流产业和企业的优化重组、加快区域一体化进程、提升核心城市能量聚集度、明晰服务型政府角色等促进区域物流发展的对策。吴晔(2009)在分析长三角、珠三角区域物流现状的基础上,指出物流企业现代化程度、物流市场制度特别是市场政策、物流信息化程度、物流基础设施建设和布局合理性是影响区域物流发展的主要因素，并基于日本、德国等发达国家的经验，提出增加物流企业融资渠道，引导物流企业现代化规模化，构建物流法规，规范物流市场发展秩序，加快推动物流信息化建设，政府统一规划基础设施形成整体集成优势等促进区域物流发展措施。特别是基础设施建设规划，从宏观层面，从整个区域高度，由政府牵头规划物流系统，避免物流设施重复建设，保障各种运输方式能有效、经济地衔接；从中观层面，做好物流基础设施系统规划，按物流智能差异将仓储、航空、港口等设施承包给不同类型物流行业协会，或成立专业公司来处理资金筹集、土地购买、物流设施建设等工作。

重视物流发展的法律法规。倪艳（2009）基于湖北物流产业的讨论，针对湖北物流业运行效率低、有效需求不足、管理体制和模式落后和基础设施发展滞后、企业规模小、信息化程度不高、人才缺乏等问题，需要从法律法规方面改革物流管理模式，优化物流发展布局，达到培育市场主体，加强物流基础设施建设、港口发展、保税物流发展、物流信息化水平、物流人才建设等目的。江明光（2017）通过对港口物流与腹地经济的协同发展进行研究，通过定性分析发现要增强两者的协同性要有政府的正确引导并发挥市场经济的调节作用。石褚巍等（2020）以甘肃省为例，构建了区域物流协调发展的两阶段决策模型，为制定区域物流法律法规和发展决策提供了导向性建议。

重视物流产业政策和产业发展规划。谈毅（2004）就 20 世纪 90 年代以来，我国市场经济与物流业发展建设的发展过程，指出我国物流业存在管理与流通体制分割、物流设施相对薄弱，缺少综合性物流服务、盲目扩张、人才稀缺等问题，应从物流产业、物流政策层面创新物流发展环境,建立推进现代物流发展的统一协调机制,同时引入国际顶级第三方物流服务供应商,提升国内物流行业整体物流服务水平。陈俊杰(2007)针对长三角物流现状,利用梯度推移理论,构建区域梯度物流模型,指出要解决长三角区域物流盲目发展、低水平重复建设现状,必须推进长三角区域物流规划对接、通关对接、信息对接和政策法规对接,以政府引导、市场运作的方式整合现有物流资源,推动区域内部生产要素合理流动,强化区域物流产业优势。杨平(2007)基于我国西部区域物流发展现状,指出针对区域物流企业数量多、市场集中度低、进入壁垒低的组织现状,以及无明显企业产品策略行为和组织调整行为、低产业资源配置效率和市场绩效等问题,应以政府发展政策为引导,从产业层面剖析区域市场物流需求,因地制宜制定区域物流发展规划,充分发挥行业协会和中介组织作用,促进区域物流资源合理配置。曹允春(2020)基于我国 31 个省市区的实证分析,指出政府积极干预,企业积极提高物流技术水平、重视外贸优势发展是实现区域物流高质量发展的重要路径之一,政府应做好引导者和支持者的角色,对区域内物流产业进行科学规划,制定相应行业规范,引导互联网、大数据、区块链等技术在物流业的有效运用;引导区域内物流企业抓紧政府政策优势,主动承担社会责任,加强信息化建设,提升企业绩效。

二、区域物流外部协同研究现状

区域物流产业与制造业、零售业乃至整个区域经济发展的协同机制与演化规律成为研究的重点之一。

1. 研究区域物流与区域经济的协同关系

应用复合系统协同度模型研究区域物流与区域经济的关系。贺玉德等(2015)利用 CRITIC 值为权重系数的 DEA 协同发展评价模型对四川省区域物流和区域经济协同发展进行评价,指出通常而言,区域经济和区域物流是协同发展的,当区域经济在承接产业转移、税收和财政政策调整时,区域物流往往同时会面临新的升级改造,这会使区域经济和区域物流从协同迈入新的不协同阶段。在落实物流产业协调联动,优化物流产业布局,促进区域各行业联动和产业聚集,打造优势产业链条的基础上,避免同质化区域竞争,加强区域间协同合作等对策后,区域经济和区域物流的协同效率又会重新上升。郭湖斌等(2019)基于长江经济带数据,分析了区域物流与区域经济耦合协调发展的作用机理,对二者的动态耦合协调发展水平和空间差异进行综合衡量和评价,指出要正确理解和认识区域物流和区域经济耦合协调发展的空间差异,区域经济的快速发展引发了对区域物流的更大需求,同时也对区域物流的运行方式和效率提出了更高要求,而区域物流的发展能促进生产要素和商铺的跨区流动,提升区域经济运行效率,对区域经济发展有着重要推动作用,两者不断相互影响和促进,进而形成高效的、相互促进的耦合协调发展体系。夏文汇等(2019)运用协同论的协同度数学建模方法,针对重庆城市经济发展过程中国际物流运输存在的问题,建立重庆国际物流运输与城市经济复合系统协同度模型,特别指出了港口物流运输和国际物流运输对区域经济发展的长期互动关系,强调了国际贸易、行业企业信息平台、多式联运网络体系在推动区域物流与区域经济协同发展过程中的重要作用。王栋等(2020)基于山东省面板数据研究,指出区域经济与区域物流耦合协调水平往往会经历由中度失调到优质协调的良性发展过程,通常区域物流综合发展水平低于区域经济综合发展水平,区域经济与物流的协调发展在很大程度上依赖于各自的发展水平,两者的协同作用明显。高康等(2019)对区域经济与物流耦合性进行研究后,通过定性分析提出从区域间战略协同、物流资源投入以及物流供需平衡等方面来促进区域经济与物流的协同发展。罗建等(2020)基于耦合理论、云模型理论与方法,结合四川省物流与经济系统相应数据,指出区域物流与区域经济的协调对两者的健康有序发展均存在较大影响。

应用协整理论模型研究区域物流与区域经济的关系。刘南等(2007)从供给推动、需求拉动两个角度分析了区域物流与区域经济间的相互关系,并基于浙江省数据,通过协整分析指出区域物流与区域经济之间互为因果,即存在互动关系,呈现出相互促进、共同发展的态势。邵扬(2010)等以我国区域物流与区域经济增长的面板数据,证实了区域物流与区域经济增长之间的面板协同关系,指出扩大区域的物流供给规模和需求规模都能促进区域经济增长,区域物流已经成为促进区域经济增长的主要增长源之一。李根(2016)从产业共生视角构建协同成熟度模型,实证发现要提高区域经济的产出水平,实现区域经济与区域物流协调系统不断发展的关键在于加强产业联系。

部分文献研究京津冀都市圈、粤港澳、长江经济带、"一带一路"等区域物流与区域经济的协同。徐杰等(2003)以长江经济区为背景,探究了长江经济区经济发展对安徽省物流需求的影响,得出了区域经济的发展会推动安徽地区物流需求发展的结论。焦文旗(2008)基于京津冀三省市协调发展,实现物流一体化的目的出发,分别从北京市、天津市、河北省指出各自的发展现状,并指出北京市物流业专业化人才匮乏,天津市物流业港口结构不合理,河北省缺乏全面的规划方案等问题。王海平(2010)指出,全面推进京津冀区域物流中心与区域经济中心一体化协调发展,是提升区域对外话语权和提升区域对内对外服务综合竞争力的重要路径。孙捷(2016)在分析了京津冀区域现状的基础上,从区域信息化水平、物流专业化人才、区域经济发展水平、区位优势、物流资源综合利用率、区域物流网络分别构建京津冀区域物流协同发展机制。万艳春等(2019)则通过构建区域经济与区域物流协同关系 DEA 分析模型,探究使粤港澳大湾区协同度最优的物流投入策略,为政府物流投资决策提供对策建议。

2. 研究区域物流与制造业的协同

Francois 等(1990)发现,随着信息技术的发展和广泛应用,现代物流业等生产性服务业与制造业间的边界越来越模糊,两业协同关系出现了相互融合、相互渗透的发展趋势。Hum 等(2000)指出,随着全球经济一体化与企业竞争压力的不断加大,物流业与制造业的融合发展逐渐被视为降低费用与增强服务优势的有效手段。Padmore 等(2009)对制造业集群和生产性服务业的协同共生关系进行了分析,发现两者间是具有共生关联的,而且两业协同发展时的产出水平要远大于单独发展时的产出水平。

伊俊敏等(2007)从中观、微观两个层面,对江苏省制造业与物流业协同发展水平进行了较为详细的差异性分析,并研究了导致两个行业发展不协调的原因和阻碍因素,探讨了促进江苏省制造业与物流业协调发展的策略;王珍珍对我国制造业不同子行业与物流业之间的关联度及协调度进行了灰色关联分析,发现制造业不同子行业与物流业之间的协调关系存在差异,制造业不同子行业对物流业发展提出了不同的需求。邓良(2013)基于我国经济转型期行业面板数据,分析指出物流业与制造业关联度较强,制造业发展对物流业最主要的制约因素是制造业全员劳动生产率;物流业发展对制造业最主要的制约因素是物流业国家运输线路总长度,交通业的发展对制造业具有十分重要的影响;目前我国物流业与制造业处于中度失调与濒临协调之间,还没有达到协调状态,可以说是一种逐渐由不协调向协调过渡的状态。弓宪文（2016）从产业理论出发建立指标体系，在重庆行业发展数据实证研究基础上较为全面地揭示了制造业与物流业协同发展的内涵和内在逻辑关系。黄建华等（2018）针对如何评价制造业与物流业发展的协同关系，以及如何提升福州市物流业对制造业的服务水平和服务效率等问题，应用主成分分析方法对制造业的价值创造能力指标和物流业服务能力指标进行筛选，采用灰色关联方法和变异系数对福州市的制造业与物流业在能力协同和空间分布方面的状况进行了评价。弓宪文（2018）运用协同理论构建制造业与物流业复合系统协调度模型，基于产业理论从产业投入、产出、规模、结构和成长五个维度建立了两业协调发展指标体系，实证表明复合系统协调度模型不仅可以衡量两业协调发展的程度，而且可以反映两业协调发展的演化趋势。张驰等（2020）概述了辽宁省物流业和制造业的界定和发展关系，构建模型并进行实证分析，发现辽宁省两大产业的协同发展关系较弱，整体的协同联动成长空间较大，并提出增强辽宁省的两行业协同发展的对策。

三、区域物流内部协同研究现状

主要研究区域物流内部子系统间协同发展的问题。

1. 区域物流内部协同内涵与特征

宁万华等（2006）指出协同物流系统具有经济共生性、系统复杂性，并在微观层面表现为各企业在物流活动的协作过程中，一方面通过资源的共享和互补，提高资源配置效率；另一方面通过核心能力的互补融合，获取新的竞争优势；同时充分利用网络的协同效应，避免过分复杂的组织结构导致利益分散和协调难度的加大。刘炯艳（2007）提出了基于多 Agent 机制的协同物流系统的体系结构，认为区域中相关物流实体通过"竞争-合作-协调"自组织运行机制组织在一起,相互配合、协调一致地工作,以完成任何单一物流实体不能完成或虽能完成但不经济的任务,并指出物流协同系统有利于实现全局目标,具有一定的柔性、适应性和鲁棒性。钮小静等(2017)在对比分析传统区域物流的特征基础上,提出区域物流协同系统中区域物流供给主体的支撑作用、需求主体的主导作用、物流环境对系统的保障作用,指出区域物流协同系统作为多元组织系统,具有自主适应、自主发展和自主进化的自组织化特征;区域物流多元主体系统必然会受到组织力的影响与控制,具有被组织化特征;区域物流是由供给、外部环境、需求等子系统共同构成的复杂体系,因此对多元主体系统造成影响的因素来自多个方面,具有序参量对系统的支配性特征。

2. 区域物流协同系统构成

李希成等(2007)认为区域协同物流理论系统可分为三个层面,由管理学、经济学、工学、理学等基础学科协同融合而成基础层;物流战略规划、物流产业升级、区域区际协调和物流经济规模扩张四方面组成的理论层;以及由基础层、理论层引申而来的核心层,核心层体现了区域物流的演化基理,并通过理论指导区域物流的实践;并通过三个层次间的交互作用,实现发展区域物流的经济、社会和环境目标。在区域物流系统的功能、企业物流、物流产业等物流协同层次划分的基础上,李希成等还归纳出了各层次的物流协同,指出物流功能是物流经济活动的基本单元和基本子系统,强调要从企业整体的角度对物流系统各功能进行统一管理,提高物流系统整体运作效率,提高企业物流系统的空间和环境合理性。

高健智等(2008)将区域物流系统抽象成由区域物流需求系统和区域物流供给系统组成,并基于协同学理论指出,由于物流子系统的独立运动和环境条件的随机干扰,区域物流系统运行自发地偏离某一平衡态(点),由于物流中心城市、物流通道等子系统的独立物流经济运动间可能产生的局部耦合,加上外部经济环境条件的随机波动,会造成区域物流系统物流量、物流经济辐射性等宏观量瞬时值偏离平均值而出现起伏,当大多数子系统很快响应的涨落,从局部波及系统,放大成为推动系统进入新的有序状态的巨涨落,即形成了新的区域物流格局。

周凌云等(2009)通过自组织理论和方法,以生物种群和区域物流产业集群的相似性为基础,借鉴生态学中的生物种群的生态位理论,指出区域物流系统具有开放性、非平衡性、涨落波动性、非线性的运行特征,将区域物流系统协同演化过程分为入侵阶段的区域物流企业集聚(形成区域集聚趋势)、定居阶段的区域物流企业群落(相互干扰形成区域群落)、发展阶段的区域物流产业集群(自组织协同发展)、进化阶段的区域物流创新协同网络(物流产业集群升级);部分区域物流系统由于物流产业生态位条件不好、外部环境和控制参量没到位等因素,造成物流系统内的自组织协同及演化没有充分发挥作用,未必完全按照上述阶段发展。

丁明磊等(2010)基于复杂适应系统理论、复杂感知反应系统理论以及区域物流设计规划方法,对区域物流系统协同创新与演化进行研究,认为区域物流系统创新是众多微观物流创新活动在区域空间领域的反映,具有企业间、产业内部、相关产业间、区域内、区际间等更为复杂的关联,更强调系统整体协同运作。指出区域物流系统两类协同进化路径:区域物流作为一个复杂适应系统,作为其主体要素的物流企业的自组织能力和学习能力形成了对环境适应、发展的能力以及竞争力;由于物流产业与其他产业存在着高度的结构关联,区域物流的发展呈现出与其他产业和环境协同进化的关系。还指出区域物流系统在区域环境作用下通过感知反应边界不断进行系统结构的调整和演化,分析了区域物流系统创新与演化的三种动力:社会经济动力、产业间协同动力、产业内动力。

孙鹏等(2010)运用四维空间研究方法,将资源、信息以及物流活动等各组成要素置于时间、成本、效率和发展的四维空间进行分析,分别引入时间压缩策略以减少供应链的响应时间、目标成本管理方法以降低系统总成本、协同物流服务绩效评价来提高协同效率以及运用生态位理论阐述了现代区域物流的协同进化和可持续发展问题。

兰洪杰(2012)借鉴物流系统可分为主体、设施设备和信息三类要素,将区域物流协同的对象相应分为主体协同、设施设备协同和信息协同,并依据管理过程将区域物流系统由上至下分为战略层、战术层和操作层三个层次,其中战略层协同以概念模型与协同管理思想为基础,对整个区域物流系统进行整体的定性或定量分析,主要研究物流系统协同管理要素与机制等方面的问题;战术层协同主要研究具有直接供需关系的物流主体间协同策略等;操作层协同主要研究如何实现物流主体的同步运作及信息协同等问题。区域物流协同过程,由战略层协同开始,之后进行战术层协同,以操作层协同为基础;操作层协同会影响战术层协同,战术层协同也会影响战略层协同。

李建军(2014)指出区域物流系统内部要素与外部环境要素以非线性方式相互耦合、相互影响,使得区域物流系统不断从一种有序达到另外一种有序,也正是要素之间的非线性作用,构成了影响区域物流系统的非线性协同机制。该机制包括内生协同机制和外生协同机制。区域物流协同效应是其内部协同效应与外部协同效应的综合,是区域物流内生协同机制与外生协同机制共同作用的结果。

刘畅等(2018)基于自组织的视角,指出物流集群是在各个因素的强化或交替促进之下不断演进、是一种物流集群自我加强的反馈机制,其中地理、自然条件代表了物流集群的空间属性,在物流集群形成过程中扮演重要角色;政府和大企业共同构成了组织结构属性,彼此促进和影响,在不同物流集群的不同阶段发挥作用;供应商子集群、物流企业子集群、客户子集群构成物流集群,提供了整合的物流供应链服务。各个子集群中的企业和组织相互信任与合作压缩了供应链时空跨度,优化发展环境,促进区域经济,并推动物流集群升级发展。

3. 区域物流内部协同量化测度

基于复杂系统协调度方法对协同度进行测度,崔晓迪(2010)在论述区域物流供需耦合系统协同发展内涵的基础上,利用 DE 模型,以及复合系统协调性评价等方法,给出了该系统协同效度、发展效度和协同发展综合效度的计算方法。李建军(2014)将区域物流协同系统分为区域物流系统(包括物流功能子系统、物流网络子系统、物流需求子系统)、区域经济系统、区域辅助系统等几个子系统,结合区域物流系统的特点,构建区域物流协同成长水平测度指标体系,并对区域物流协同的内部协同和外部协同等指标进行了量化分析。杨云峰等(2015)在对区域物流协同的内涵界定基础上,构建包括物流企业竞争力、货运周转量等 13 项指标在内的评价指标体系,应用系统协同度测度序参量方法,构建区域物流系统协同水平测度模型,并将模型应用于环渤海地区的物流系统协同发展水平测度。高妮妮(2020)基于供需耦合系统视角,从物流供给、物流需求和物流环境三个系统构建了区域物流供需耦合系统协同发展评价指标体系,采用 DEA 分析法对京津冀地区物流业协同发展进行评价。

此外,以区域物流效率体现区域物流协同度的,李明芳等(2015)以物流行业从业人数、能源消费量、固定资产投资为投入指标,货运量、货物周转量和物流行业生产总值为产出指标构建了区域物流效率评价指标体系,采用 DEA 模型对京津冀三地的物流效率进行了评价,并从空间、产业和企业三个维度提出了规模协同、供需协同、技术协同等对策性建议。张雪青(2016)以"一带一路"战略重点涉及省份为研究对象,构建了区域物流效率评价指标体系,以固定资产投资、线路运输长度、能源消费量、从业人员为投入指标,物流生产总值、货运量、货运周转量为产出指标,采用 DEA 模型分析了我国区域物流效率变动、差异及主要原因。

目前关于区域物流内部协同的研究大多围绕省际间区域物流协同展开,对于省际内物流协同发展研究还不足,从都市圈视角对区域物流协同发展进行研究的文献也不多;现有研究侧重于协同度的评价,系统研究都市圈区域物流协同运行机制的文献较少。在前人研究基础上,对浙江四大都市圈区域物流协同发展进行科学评价并提出促进机制,是对现有研究的有益补充。

第三节　主要研究内容与方法

一、主要研究内容

1. 研究区域物流协同的内涵、特征及评价。①研究区域物流的内涵、构成与评价,为后续区域物流的实证评价打下基础;②研究都市圈物流协同的内涵、模式与评价,为后续协同评价奠定基础;③研究区域物流协同与都市圈一体化发展的互动机理,都市圈一体化发展对区域物流协同运行提出了更高要求,也为区域物流协同提供了政策、组织、基础设施等资源保障,区域物流协同运行有利于都市圈一体化,为机制设计研究打下基础。

2. 浙江 11 地市物流子系统的协同度评价与时空差异分析。对浙江 11 地市物流子系统的协同度进行评价,是都市圈物流协同度评价基础。①基于综合评价-熵权法对 11 地市物流发展进行评价,构建区域物流需求子系统、区域物流供给子系统、区域物流支持子系统的评价指标体系,采用熵权法确定指标权重,搜索地区统计年鉴、中国物流统计年鉴获取指标体系的数据,计算得到 2005—2020 年 11 地市物流子系统序参量;②依据复杂系统协调理论,采用耦合协调度模型计算得到 11 地市物流子系统协同度;③对 11 地市物流协同度的进行时空差异分析,11 地市 2005—2020 年物流协同度的时序演变进行分析,分析各地市的空间异质性。

3. 都市圈物流协同度评价与时空差异分析。①11 地市分属四大都市圈(杭州、宁波、温州、金义都市圈),采用耦合协调度模型分别计算四个都市圈的物流协同度;②对四大都市圈物流协同度的时序演变进行分析,按四大都市圈分析其空间异质性,对都市圈物流协同发展态势进行研判。

4. 运用数据包络分析方法计算都市圈和都市圈间的效率值,基于效率值变化设计了区域物流协同度评价方法,基于效率视角对都市圈和都市圈间的区域物流协同度进行具体研判。

5. 促进都市圈物流协同发展的机制设计。基于以上分析结果,设计了促进都市圈物流协同发展的政策引导机制、信息共享机制、合作创新机制、协同平台机制、评价激励机制等,从物流政策体系、物流组织体系、物流设施网络体系、物流信息平台等方面搭建都市圈协同物流体系,为促进浙江都市圈物流协同提出具体的对策建议。

二、研究方法

本课题不同研究阶段分别采取定性分析与定量分析相结合的方

法,具体如下:

1. 文献综合梳理。检索、归纳国内外关于区域物流协同与都市圈一体化互动发展、区域物流协同发展以及推进区域物流协同发展的机制与路径优化等方面前沿文献资料,并对这些文献资料进行系统梳理,进而明确研究思路和理论分析框架,开展对区域物流协同界定、特征分析、相关指标测度评价方法、评价模型等前期先验探讨和研究。

2. 个案分析。选择都市圈物流协同作为个案取材,探讨区域物流协同与都市圈的互动发展机理,了解具体的促进机制设计,为后续设计浙江都市圈区域物流协同发展的机制提供经验基础。

3. 定量研究法。采用综合评价—熵权法对地市物流发展水平进行评价,从区域物流需求子系统、区域物流供给子系统、区域物流支持子系统构建区域发展的评价指标体系,采用熵权法对指标赋权,对地市物流业发展水平进行测度。采用耦合协调度模型研究区域物流协同度,耦合是指两个或者多个系统交互作用和交互影响的一种物理表现形式,协调度则可以进一步衡量这种影响和效果的程度,耦合协调度模型因为其简洁直观被广泛应用于协调与协同发展测算研究中。

三、研究的可能创新点

学术观点创新,对区域物流协同与都市圈一体化发展的互动机理关系进行分析探讨,期望对都市圈发展理论和区域物流协同理论有所补充;从物流政策体系、物流组织体系、物流设施网络体系、物流信息平台等方面设计具体的促进机制,丰富了区域物流理论的研究,具有一定的创新性。

　　研究视角创新，充分考虑浙江都市圈物流发展及协同现状，制定更全面系统的浙江都市圈物流发展协同度评价指标体系，对浙江都市圈和都市圈间的物流协同度进行评价与分析，以往从这个视角进行研究的文献较少，研究视角上有所创新。

第二章

都市圈区域物流协同的理论基础

第一节　都市圈区域物流协同的内涵

一、区域物流协同

区域物流协同是指在区域范围内,不同物流企业之间、不同行业之间、不同地区之间通过物流合作、信息共享、资源共享等方式,协同推动物流系统优化、效率提升、成本降低的过程。

协同理论在上世纪由哈肯提出,不同的协同系统都会从杂乱无序发展演变为稳定有序。协同发展在其数量上看是多系统的组合发展,在其发展程度上看是相互作用,互利发展,其主要目的是使不同的系统和资源相互成就,相互发展,最后达成同一目标。

产业协同是以协同论为基础,从系统的角度出发,将需要协同发展的产业子系统看成一个复合系统。产业协同是产业间动态的作用过程,远离平衡态的复合开放系统内部各子系统相互影响,产生整体效应,自发地向时间、空间和功能上的有序结构进行转变。产业协同发展过程中,随着产业间逐步实现高效对接、相互帮助,价值创造能力得到提升,进而促进产业转型升级。即在开放的条件下,受经济社会诸多外界条件影响,各产业或产业群作为国民经济运行中的子系统,协作互助,形成宏观有序结构,推动产业精细化分工,纵向关联,达到 $1+1>2$ 的效果。

二、都市圈区域物流协同

都市圈物流协同研究侧重于探究都市圈物流系统内部各子系统、都市圈物流系统与外部环境之间的协同机制,目的是促使都市圈物流系统内部各子系统之间、都市圈物流系统与外部环境之间产生持续性的协同效应,推动都市圈物流系统的不断发展。都市圈物流协同是以促进都市圈物流系统发展为目标,充分利用都市圈物流的区域特性,使物流活动与所在区域的社会经济条件相适应,推动都市圈物流系统各子系统之间、系统内部与外部环境之间实现良性协同,从而最大限度实现都市圈物流的功能,使其更好地服务于所在区域社会经济发展。

都市圈物流协同是指在都市圈范围内,由物流主体之间进行联合与协作,共同实现物流资源的整合、物流流程的优化、物流服务的升级,以提高都市圈内物流效率和降低物流成本。其内涵主要包括以下几个方面:

都市圈物流各要素相互耦合协同,物流过程中的各个要素(包括物流设施、物流设备、物流人员、信息系统等)之间具有相互依赖、相互影响、相互协调的关系,从而形成一个相互协同的整体,以实现物流业务的高效、快捷、低成本、可持续发展的目标。

物流设施和物流设备之间协同。物流设施包括仓库、码头、配送中心等,物流设备包括货车、叉车、吊车等。物流设施和物流设备之间的协同可以实现物流资源的优化配置,提高物流效率。

物流设施和物流人员之间协同。物流设施和物流人员之间的协同可以实现物流设施的高效利用,提高物流效率。例如,仓库的管理人员可以通过优化仓库布局和货物存储方式,提高仓库的货物周转率,从而提高仓库的效率。

物流人员和物流设备之间的协同。物流人员和物流设备之间的协同可以实现物流设备的高效利用,提高物流效率。例如,货车司机可以通过合理的路线规划和货物装载方式,提高货车的装载率,从而提高货车的效率。

信息系统和物流各要素之间的协同。信息系统可以实现物流各要素之间的信息共享和业务协同,从而提高物流效率。例如,物流企业可以通过信息系统实时掌握货物的运输状态和仓储状态,从而实现物流业务的高效管理。

综上所述,物流各要素相互耦合协同是实现物流业务高效、快捷、低成本、可持续发展的关键。只有通过各要素之间的相互协同,才能实现物流业务的优化和提升。总之,都市圈物流协同是一种通过物流资源整合、流程优化和服务升级,降低物流成本和提高物流效率的发展模式,是都市圈内物流主体之间合作共赢的重要方式。

三、都市圈物流的特点

都市圈物流是以城市为核心的。城市作为都市圈物流网络的枢纽节点,与连接各城市之间的交通通讯网络有机结合,就形成了都市区物流网络系统,并以此为基础,促使区域范围内经济要素的联系与扩散。

都市圈物流是有层次性的。由于地域、产业结构等原因,都市圈核心城市与周边城市的经济联系存在一定的强弱关系,都市圈物流网络也通常具有明显的层次性。都市圈区域内的物流、商流、信息流等要素通常汇集到核心城市,再由此辐射到周边城市。

都市圈物流的基础设施高度发达。只有通过高度发达的物流基础设施,都市圈物流网络才能保障区域范围内商流、物流、人流的高效流通,才能有效吸引外部市场要素,辐射核心城市影响。

都市圈物流随着都市圈的发展而发展。随着都市圈核心城市的不断发展,核心城市与周边城市的经济联系进一步加强,核心城市原有的物流网络也会逐渐向外拓展并最终与周边城市相连。同时,随着产业分工和转移的发展,周边城市及城市之间的物流基础设施的建设也会不断发展,最终演变为都市物流网络的整体发展。

四、都市圈物流产业的基本特征

都市圈物流产业作为典型服务型产业,具有衔接性、整合性、服务性、协同性的特征。

物流产业的衔接性是指物流产业衔接着生产和消费,衔接着经济社会各领域的实体商品流通,是保障社会经济顺利运行的重要产业。随着社会分工的进一步深化,社会各领域产业部门及市场主体之间的社会经济联系进一步复杂化,只有通过物流产业,才能在这种复杂联系下实现实体、虚拟货物的有效流通并维持这种复杂联系,构成国民经济体系。

物流产业的服务性是指物流行业本身是为社会经济提供全面多样化服务,并实现价值增值的服务型产业。依靠信息技术,现代物流活动已经成为流通领域中链接生产和消费最重要的经济活动之一,物流产业的服务范围也从简单的运输和仓储服务拓展为生产、流通、消费过程中的全方位增值服务。现代物流企业在提供传统运输、仓储、流通加工等传统物流服务的同时,还提供企业物流方案设计、企业物流规划、物流战略规划等附加服务。

物流产业的整合性是指物流产业的衔接性和服务性要求物流产业以合理配置资源为手段,实现供需的高效结合。现代物流产业作为市场机制下,从不同行业、企业、领域和部门分离出来的,以物流企业为主体的服务型产业,在协调整合零散物流资源方面具有独特优势。物流产业主体通过协调优化、合理配置原有的物流生产要素,将其变为能高效流通的物流市场资源,从而提升社会整体物流效率,降低社会物流总成本。

物流产业的协同性是指为了更好实现物流产业的衔接性、服务性、整合性,物流产业以物流流程为基础,形成了物流产业链。物流产业链囊括物流信息流通、货物流通、其他附加服务在内,搭建起物流产业内部有机框架结构,反映了物流产业内部各子产业间以及产业与外部经济环境之间的关联,为物流产业内部各子产业之间以及产业与外部经济环境之间的协调提供了基础。

第二节 都市圈区域物流协同的表现与构成

都市圈物流协同指都市圈物流系统内部各要素之间的协同,主要有都市圈物流功能协同、都市圈物流网络协同、都市圈物流需求协同及三者之间的协同。都市圈物流协同系统包括都市圈物流供给子系统、都市圈物流支撑子系统和都市圈物流经济需求子系统,要促成三个子系统之间的协同互动。

都市圈物流协同形式主要为主体协同。作为一个复杂动态系统,都市圈物流主体包括:以物流运输、仓储、配送企业、第三方物流企业为代表的物流供给企业；以生产制造、商贸、零售企业为代表的物流需求企业；以公路、铁路、航空、电信运营商为代表的物流网络运营商；以及终端消费者、高校政府部门、金融机构、行业协会等。通过以上物流主体在物流功能、环节、信息、技术等方面进行合作协同，都市圈物流系统才能实现某些特定的结构或功能，做到整体运营的高效化和经济效益的最大化。

一、都市圈物流协同表现

1. 都市圈物流功能协同

都市圈物流功能协同是指物流企业和其他企业在业务、管理、战略等层面协调运作，使区域内物流系统运作效率和物流服务水平不断提高，其主要方式有：都市圈物流运作环节协同、都市圈物流企业间并购、都市圈物流企业之间横向合作、都市圈物流企业与供应链上下游企业间纵向合作等。

都市圈物流运作环节协同。都市圈物流由运输、储存、配送、流通加工、包装、装卸搬运、信息管理等物流环节构成，都市圈物流的运作过程本身就是依靠这些具体环节的协作配合实现的。由于不同物流环节具有各自多重物流目标，导致物流部分环节之间存在效益背反和交替损益现象，想要实现物流系统整体效用最优就需要从整体的角度出发，使各物流环节趋于合理化，即追求物流各环节多重目标之间的协同。

其中，运输作为物流"第三利润源泉"，具有劳动力消耗大、跨越空间大、跨越时间长的特点，是物流总成本的首要组成部分，运输效率的提升对降低物流系统运行成本极为重要，运输距离直接影响着运输时间、货损等因素，运输环节与工具则直接影响包装、装卸等运输环节；储存作为物流过程中克服时间间隔的主要方式，按物流流动规律进行储存活动，是提升物流系统效率的重要动力，与运输存在成本关联；配送是物流过程中基于用户需求的综合物流活动环节，配送效率作为物流现代化的重要标志，其挑选、加工、包装、分割、配送等作业综合了物流其他环节的部分功能，配送环节的合理化，一方面要与运输、储存、客户需求等环节保持协同，还需要以信息化手段提升配送环节内部流程的合理性，实现本环节物流资源有效配置；流通加工通过对物品的简单加工来实现促进产品销售、维护产品质量并提高物流效率的目的，作为现代物流系统中的重要利润源泉，流通加工能有效提升原料利用率、提升物流效率、提升基础设施利用率，与配送、包装等其他环节联系密切；包装作为物流活动的起始点，其对产品的保护性、单位集中性、便利性的影响贯穿整个物流活动，对运输、装卸搬运等环节人力、仓储等成本产生巨大影响；装卸搬运作为消耗大量人力和时间资源的环节，其出现的频率、使用的方式、作业质量和效率直接影响着货物损失成本、包装成本、客户满意度等相关物流环节的成本和效率；信息管理环节作为伴随运输、仓储、装卸、配送、包装等其他环节而产生的物流环节，对整个物流活动起支持和保障作用。

都市圈物流企业之间的并购。并购整合作为市场竞争的重要手段，通常意味着企业资源的扩张和整合，强调重新构建一套完整、高效的企业流程。并购整合能给物流企业带来规模效益，有效增强都市圈物流企业综合竞争力，拓展物流企业服务辐射范围。同时，企业并购作为招商引资、企业升级转型、企业内部业务流程重组的有效手段，能促使都市圈物流企业实现资源的高效整合、规模的快速扩张、业务流程的更新重组，从根本上推动区域范围内物流系统的整体发展。

都市圈物流企业之间的横向合作。物流活动作为复杂的商业经济活动,单一企业通常难以提供低成本、高质量、高顾客满意度的物流服务,因此都市圈物流企业之间通常依托统一的标准规范,进行物流资源的整合,组成利益共同体,进而增加服务品种、扩大服务空间、提升物流服务综合质量。都市圈物流企业的横向合作主要涉及物流基础产业、物流装备制造业、物流信息管理产业、第三方物流业等物流行业企业主体,合作层面有具体物流业务层面的合作,经营决策层面的合作,战略发展层面的合作,合作的具体形式有技术装备合作、业务合作、客户资源合作、信息资源共享等。最常见的横向合作是物流企业联盟,通过战略层面共享信息、整合资源、拓展业务、分担风险、提升服务、分配利益,提升各自企业的市场竞争能力,实现整体协同效应。

都市圈物流企业与供应链上下游企业间的纵向合作。都市圈物流纵向产业主体主要有物流业、储运业、通运业、配送业、流通加工业及铁道运输、汽车货运、远洋运输、内河运输、航空运输、起重装卸、拆船拆车、集装箱租赁、货代、快递等行业的主体。这些主体分别作为供应商、分销商、零售商,组成了都市圈物流供应链,通过对都市圈区域内人才、资金、信息、原料等要素的控制和流动,以加工、包装、运输、仓储等具体手段,满足供应链各环节企业的不同物流需求,实现物流服务在供应链各环节的价值增值。通过都市圈物流供应链内部,以及不同物流供应链之间的协同,整合都市圈区域内物流资源,拓展都市圈物流服务范围,推动物流行业整体发展。

2. 都市圈物流网络协同

都市圈物流网络协同是指都市圈内政府部门、物流网络运营商、电信运营商、金融机构、物流供给和需求企业等主体在物流基础设施网络、物流信息网络等方面的协同。通过政府规划、交通和城建等部门设计、施工和管理,都市圈物流基础设施才能不断发展;通过物流、资金流、信息流等要素的协调整合,物资才能从供应方高效流通到需求方;通过金融、铁路、公路、电信运营商的协调运营,以信息通讯、金融等手段相互配合,才能使都市圈物流网络和信息网络协同运作。具体地利用物流企业信息交互平台,实现物流和信息流的高效结合,引入独立的信息管理成员,为物流企业同盟成员提供信息技术支持,提升物流信息服务综合水平,降低物流信息成本。

3. 都市圈物流需求协同

都市圈物流需求协同即区域内政府部门和企业主体在制定或预测物流需求时要充分考虑生产需求、消费需求、流通需求的现有规模和预期水平,注重各方面需求与物流需求之间协同,不断根据生产、消费、流通需求的变化作出调整,促使物流需求与生产、消费、流通需求相适应。

需要分析区域内的物流需求,了解该区域内的货物类型、运输量、运输距离、运输时间等信息,以便为该区域制定合适的物流方案;设计物流网络。根据物流需求,设计物流网络,包括物流中心、配送中心和运输线路等;优化运输方案。根据货物量、距离和时间等因素,优化运输方案,以保证物流运输效率和减少物流成本;规划合适的物流设施和设备,在物流规划中,规划合适的物流设施和设备,以满足该区域的物流需求;实施物流规划,将物流规划实施到实际操作中,确保物流系统的正常运行;监控和调整。不断监控物流系统的运行情况,根据实际情况进行调整和优化,以满足不断变化的物流需求。

二、都市圈物流协同系统构成

都市圈物流协同系统包括区域物流供给子系统、区域经济需求子系统、区域支撑子系统等之间的协同,协同形式主要有都市圈物流主体与外部主体在商品、资金、技术、信息、人才等要素上的流通合作，以及都市圈物流在整体规划、发展策略、物流标准等方面与外界的协作。都市圈物流协同系统是其本身系统开放特点决定的，是都市圈物流可持续发展的重要保障。

区域物流供给子系统和区域经济需求子系统的协同作用是非常明显的。区域物流供给子系统可以为区域经济提供高效的物流服务，包括货物运输、仓储、配送等环节，提高区域经济的生产效率和降低物流成本。同时，区域经济需求的发展也会促进区域物流子系统的发展，形成良性循环。

其次，区域物流供给子系统和区域物流支撑子系统之间的协同作用也非常重要。区域物流支撑子系统包括交通、能源、通信、人才等基础设施，这些基础设施的完善程度直接影响到区域物流子系统的运作效率和成本。因此，区域物流子系统需要依赖区域物流支撑子系统提供的基础设施支持，同时也可以为区域物流支撑子系统提供反馈和需求，促进区域物流支撑子系统的发展和完善。

最后，区域物流经济需求子系统和区域物流支撑子系统之间也存在协同作用。区域经济的发展需要依赖良好的基础设施和辅助服务，而区域物流支撑子系统的发展也需要依赖区域经济的需求和支持。因此，区域物流经济需求子系统和区域物流支撑子系统之间需要密切协同，共同推动区域经济的发展和提升区域综合竞争力。

综上，区域物流经济需求子系统、区域经济物流供给子系统和区域物流支撑子系统之间的协同作用非常重要，需要通过各种方式加强协同合作，实现互利共赢的局面。

三、都市圈物流协同发展的参与主体

都市圈物流协同发展需要多个参与主体的合作,包括物流企业、政府部门、物流园区、客户、物流服务提供商、高校和研究机构。

物流企业是都市圈物流协同发展的关键参与主体之一,物流企业的发展水平和服务质量直接影响到区域物流协同发展的效果。在区域物流协同发展中,物流企业可以发挥重要作用:一是落实区域物流规划,物流企业可以充分参与到区域物流规划的制定中,提供专业意见和建议;二是优化区域物流布局,物流企业可以根据自身的业务需求和区域物流发展趋势,主动调整物流网络布局,实现物流资源的最优配置;三是提升物流服务质量,物流企业可以通过技术创新、管理改进等方式,不断提升物流服务质量,提高客户满意度;四是促进物流协同发展,物流企业可以积极开展跨企业合作,实现物流资源共享和互补,促进区域物流协同发展。物流企业在区域物流协同发展中具有不可替代的作用,需要积极参与到区域物流发展中,为提升区域物流水平和服务质量作出贡献。

地方政府是都市圈物流协同发展的重要参与主体之一,其在区域物流协同发展中担负着重要的角色和职责。地方政府可以制定区域物流规划,明确物流发展方向和目标,推动物流发展与城市规划、产业布局等方面的协同;可以通过提供政策扶持和优惠措施,吸引物流企业进驻,促进物流业的发展;此外,还可以为区域物流协同发展提供必要的基础设施建设和公共服务,比如建设物流园区、加强交通基础设施建设;最后,地方政府在物流协同发展中还需要发挥协调作用,加强政企沟通和协作,推进物流资源共享和互补。

物流园区是都市圈物流协同发展的重要参与主体之一,其在物流协同发展中担负着重要的角色和职责。首先,物流园区可以提供物流企业所需的土地与场地,为企业的发展提供基础条件。同时,物流园区是物流企业的集聚地,可以提供物流配套设施,如停车场、装卸设备、仓储、配送、快递等服务,满足企业日常经营需求。其次,物流园区还可以推进物流资源共享和协同,促进企业之间的协作合作,实现物流资源的最优配置,提高物流效率和降低物流成本。此外,物流园区还可以加强与政府部门和相关行业协会的合作,为企业提供政策咨询、技术服务等支持,提高企业的创新能力和竞争力。最后,物流园区还可以积极开展对外交流与合作,吸引国内外物流企业入驻,促进国际物流合作与发展。综上所述,物流园区在区域物流协同发展中具有不可替代的作用。

高校和研究机构也是区域物流协同发展的重要参与主体之一。首先,高校和研究机构可以开展物流相关的研究和技术创新工作,为物流业的创新和发展提供技术支持和科学依据。同时,高校和研究机构还可以培养物流人才,为物流产业的人才发展作出贡献。其次,高校和研究机构还可以与政府和企业开展合作,共同推进物流协同发展,实现物流产业与城市规划、产业布局等方面的协同。此外,高校和研究机构还可以为物流企业提供技术咨询、技术转移等服务,帮助物流企业提高技术水平和创新能力。最后,高校和研究机构还可以积极参与到物流产业的国际合作中,扩大物流产业的国际化发展空间。高校和研究机构在区域物流协同发展中具有不可替代的作用,需要积极发挥他们的价值,积极参与到各项工作中,为物流业的发展和区域经济的繁荣作出贡献。

以上是可能参与到都市圈物流协同发展中的主体,这些主体可以共同合作,共享资源,共同发展,提高整体效益。

第三节 都市圈一体化与区域物流协同的互动发展

一、都市圈一体化

都市圈发展一体化是指以城市为节点，以交通、产业、人才、文化等方面的联合合作为核心，实现城市之间高度融合和协调发展的过程。其内涵主要包括交通一体化、产业一体化、人才一体化、文化一体化、环保一体化等。

都市圈交通一体化。都市圈交通一体化是指在都市圈内，通过各种交通方式（如地铁、公交、高速公路、铁路、水运等）进行无缝衔接和协调，形成一体化的交通体系，为居民和经济发展提供高效、便捷的交通服务。都市圈内各城市之间的交通体系实现互联互通，形成高效、便捷、低成本的交通网络，提高城市间的联系和物质流动效率。都市圈交通统一规划，进行统一的规划和设计，按照相应的标准和原则构建城市交通网络。都市圈交通衔接设施到位，各种交通方式之间需要设立衔接设施，如交通枢纽、换乘站、停车场等，使得不同交通方式之间能够无缝衔接。都市圈交通规范管理，制定和执行统一的交通管理措施，确保各种交通方式在交通安全、运营质量等方面的规模，提高城市交通的管理水平。都市圈交通信息共享，建立交通信息共享平台，使得各种交通方式之间的信息互通，居民和企业能够方便地获取相关交通信息。通过优化城市交通资源配置、整合交通服务资源、提高交通运输效率，实现城市和周边地区的互动和共生，促进区域经济发展和社会进步。

都市圈产业一体化。都市圈产业一体化是指在都市圈城市及其周边地区内,将不同城市、不同地区的产业进行整合和协作,形成一个具有区域优势和特色的产业体系。通过整合不同城市的产业资源和优势,实现产业分工协作,促进资源共享和产业转移,从而提高整个都市圈的产业效益和经济竞争力。进行产业资源整合,整合都市圈内各城市、区域的产业资源,实现资源优化配置和产能提升。培育特色产业,通过培育特色产业,实现区域经济的多元化发展,提高都市圈的整体竞争力。建设产业生态,建设产业集聚区,形成产业生态系统,推动产业内外协同互动,进一步提高企业创新能力。建立信息共享平台和交流机制,利用互联网＋技术,提高企业信息化程度和电子商务水平,打通产业生态链和供应链,实现产业全面协同和优化协调。都市圈产业一体化的目标是在区域内实现多元化产业发展,在优势互补、资源共享的基础上,提高都市圈的产业效益、提高区域经济发展质量、带动区域居民收入增长,促进城市可持续发展。都市圈内各城市产业要实现互补协同,形成优势互补、产业协同的产业格局,提高产业竞争力,实现资源共享和优化配置。

都市圈人才一体化。都市圈人才一体化发展是指在城市群范围内,通过深化各城市之间的协作和交流,实现人才资源的融合和优化,推进高端人才的聚集和集聚效应的形成,从而推动整个城市群的跨越式发展。都市圈人才一体化发展的核心在于优化人才区域布局和资源配置,促进人才流动和交流,推动区域内的人才深度融合和协同创新。具体措施包括:建立人才认证机制,实行职称互认;加强人才流动政策支持,降低流动成本;打通信息互通平台,提升人才交流与合作意愿;促进技术合作和产业联动,推进创新创业。都市圈人才一体化发展的目标是构建具有全球影响力的创新型城市群,提高区域经济竞争力和综合发展水平,实现经济社会可持续发展。都市圈内各城市要加强人才交流合作,实现人才流动和资源共享,提高人才的整体素质和竞争力。

都市圈文化一体化。都市圈文化一体化是指在城市群范围内，通过深化各城市之间的文化交流和合作，实现文化资源的融合和优化，推进文化创新和传承，形成跨域、多元化、开放包容的共享文化发展模式，推动整个城市群的文化繁荣与发展。都市圈文化一体化的核心在于加强文化交流和合作，推进文化融合和创新创造，促进城市群内各个城市间的文化共享和互利发展。具体措施包括：加强文化政策的统筹规划和协同推进；打通文化交流的渠道和平台，促进文化创意产业的交流和合作；注重文化多元性和差异性的传承和发展，坚持文化自主性和创新性；提高公众文化素养，推进文化教育和普及。都市圈文化一体化的目标是构建具有特色和品质的城市群文化，形成区域文化的共识和认同，提高城市群的文化软实力，增强城市群的国际竞争力和影响力，实现城市群的可持续发展。都市圈内各城市要加强文化交流与融合，形成共同的文化认同，推进文化产业的协同发展，提高都市圈的文化软实力。

都市圈环保一体化。都市圈环保一体化是指在城市群范围内，通过深化各城市之间的协作和交流，实现环保资源的共享和优化，推进环保法规的统一执行和监督，形成跨域、多元化、智能化的共享环保发展模式，促进整个城市群的环保水平和可持续发展。都市圈环保一体化的核心在于强化城市群内各城市间的环保合作和资源共享，推动城市群内环保标准的高度协调和一致性，促进城市群内环境污染的有效防治和治理。具体措施包括：建立环保信息共享平台，加强环保实时监测和数据分析；加强环保法规的制定和执行，推进环保管理的高效协作；开展环保科技合作和技术创新，提高环保技术水平和核心竞争力；提高公众环保意识和环保素质，推动城市群内环保责任和义务的深入人心。都市圈环保一体化的目标是构建具有全球影响力的生态环保城市群,保障人民群众健康和生态安全,提高区域经济和社会可持续发展水平,实现城市群环境和文明的共同繁荣。都市圈内各城市要加强环保交流与合作,共同应对环境污染和生态破坏,建设绿色、低碳、可持续发展的城市群。

都市圈发展一体化是一种多方位、多层次、多领域的综合性发展模式,旨在实现城市集群的整体发展和协同发展,提高都市圈的竞争力和综合实力。

二、区域物流协同对都市圈一体化发展的促进作用

区域物流协同则是都市圈内不同城市之间合作的重要方式,它可以提高物流效率、降低物流成本、增强企业竞争力,有利于推动都市圈的一体化发展。区域物流是促进区域一体化发展的重要因素之一。具体而言,区域物流协同可以加速都市圈一体化发展。

区域物流协同发展有利于打破都市圈地域限制。随着区域一体化的深入发展,地域间的贸易和物流流动日益增强,而区域物流服务的发展可以为不同地域的企业提供便捷的物流服务,可以促进各个城市之间的货物、信息的流通和交流,促进不同地域间的贸易往来和物流配送。区域物流协同发展可以促进都市圈内的产业分工和专业化。不同地区可以依据自身的资源禀赋和产业优势,发展具有特色的产业和服务,形成互补的产业生态链。这样可以避免地区之间的恶性竞争,提高整体的经济效益和社会效益。

区域物流协同能够集中整合都市圈各个城市的物流资源,打破单一城市物流发展的限制,形成集约高效的物流配送网络和体系,促进各城市物流业的互补性和共同发展。通过区域物流协同,各城市可以共同投资建设物流基础设施,共享物流技术和设备资源,优化物

流运作流程,降低物流成本,提高物流效率。同时,区域物流协同还能够促进各城市之间的物流信息共享,及时传递需求和供应信息,优化库存管理和运输调度,提高物流服务质量和响应速度。区域物流协同可以引导和支持物流企业进行跨区域合作,建设统一的物流平台和标准体系,促进各城市之间的物流协同和资源共享。

区域物流协同有利于提高都市圈物流效率,降低交易成本。区域物流服务加强都市圈间的交通运输联通,实现物流节点之间的衔接和互通,可以提高物流效率和降低物流成本,使得不同地域间的物流配送更加精准、高效,区域物流协同可以减少物流浪费,包括人力、物力、时间和金钱等方面的浪费。通过实现物流活动的协同和优化,可以避免重复工作和不必要的浪费,提高物流资源的利用效率从而加速都市圈一体化发展。

区域物流协同有利于优化都市圈资源优化配置。区域物流系统的建设和发展可以优化物流资源的配置和利用效率,减少物流成本,将多余资源用于更为紧缺的领域,提升整个区域的经济效益和竞争力。通过加强地区之间的合作与联系,推动生产要素的流动和资源的优化配置,可以缩小地区差距,提升整体竞争力。这也意味着将资源分配到更加合理、均衡的方向,优化了都市圈的资源配置。

区域物流协同有利于促进经济互联互通,区域物流服务可以通过物流信息化、网络化和标准化的手段,将不同地域的物流网络有机地连接起来,实现物流信息的互通、物流配送的无缝衔接,从而更好地促进区域经济的互联互通,推动都市圈经济发展,促进都市圈商业活动的繁荣和发展。区域物流协同发展可以为都市圈的一体化发展提供支持,通过打破地域限制,各地区可以更好地实现互联互通和生产要素的自由流动,推动都市圈内的均衡发展,缩小地区差距,提升整体竞争力。

综合来说,区域物流协同是都市圈一体化发展中不可或缺的一项内容,通过深度协作和合作,能够实现物流资源的高效整合和共享利用,推动城市群内各城市物流业的共同发展,促进都市圈产业合理分工,促使都市圈经济繁荣和可持续发展。

三、都市圈一体化发展对区域物流协同的促进作用

都市圈一体化发展为区域物流协同提供了良好的发展机遇。都市圈内的经济活动不断增加,市场需求不断扩大,物流需求也得到了极大的增长。在都市圈一体化的背景下,各个城市之间的物流企业可以通过资源共享、信息共享等方式,实现物流效益的最大化,提高整个区域的物流服务水平。

都市圈一体化发展有利于优化物流网络结构。都市圈一体化发展可以实现区域内物流网络的优化,提高物流效率,例如,通过建设联运中心、物流配送中心等大型物流设施,集中分拣、装卸、运输等环节,减少转运环节,降低物流成本,整合物流资源,形成高效、安全的物流网络;优化物流线路布局,都市圈一体化后,可以通过加强物流企业之间的合作,合理规划物流线路的布局,优化物流节点的设置,减少物流距离,提高物流效率,降低物流成本;建立综合物流体系:都市圈一体化可以通过建立综合物流体系,更好地整合、共享资源。物流企业可以借助综合物流体系的优势,通过提升同城配送效率、降低货物运输成本等方式优化物流网络结构;推广绿色物流,都市圈一体化可以推广绿色物流运输模式,推进物流节能、减排环保,降低交通拥堵,减少物流排放,优化物流运输网络;升级物流设施:都市圈一体化后,物流企业可以通过整合的方式,协作共建现代化的物流设施,如物流中心、仓库、码头等,提高物流运营效率和服务质量,进一步优

化物流网络结构。

都市圈一体化发展有利于促进物流信息共享。都市圈一体化发展可以促进物流信息的共享与整合,建立信息化物流平台,提高物流信息的时效性和准确性。通过信息化手段,实现调度、监控、协同等功能,提高物流运作效率和质量,降低物流损失和浪费,从而提高整个区域的物流效率和竞争力。都市圈一体化的推进有利于物流信息共享,具体表现在以下几个方面。第一,打破信息孤岛,都市圈一体化将加强城市之间的联动和合作,有利于打破城市内部和城市之间物流信息孤岛的壁垒,促进各地物流信息的互通共享;第二,统一信息标准,在整个都市圈一体化的过程中,可以建立统一的物流信息标准,取消或降低各地之间物流信息交流所需要的成本,促进物流信息共享的普及;第三,改善信息传递速度,随着物流企业智能化管理的发展,物流链的不同环节之间需要高效的信息沟通,而都市圈的信息共享可以使得信息传递速度更快、更准确;第四,提高信息质量:都市圈一体化将会推动物流信息的统一规范和标准化,以及推进物流信息源头信用度的提高,从而提高物流信息的质量;第五,促进物流流程优化,信息共享有利于优化物流流程,降低物流成本,提高物流效率,如提高仓储物流的配送效率、减少物流节点等。

都市圈一体化发展有利于优化物流空间资源优化配置。都市圈一体化发展可以优化空间资源配置,建立合理的物流节点和布局,推进物流区域化、集聚化、规模化、专业化发展。通过空间优化,实现物流资源的最大利用和节约,并提高区域物流效益。都市圈一体化的推进有利于物流空间资源优化配置,具体表现在以下几个方面。一是建立集约化物流网络,都市圈一体化后,可以通过建立集约化物流网络,实现物流场地配套、设施共享、资源整合,促进物流空间资源的合理配置,降低整个物流体系的运营成本;二是优化物流节点布局,都市圈一体化可以合理优化不同地区的物流节点布局,如合理规划物流园区、物流仓储中心、物流交通枢纽等,从而达到资源的统一配置和优化;三是优化城市空间结构,都市圈一体化对于与距离较近城市群的合作,可以通过调整、优化城市空间结构,满足不断升级的物流需求,提高城市空间的资源利用效率;四是突破城市土地制约:都市圈一体化后,将打破单个城市在物流用地的局限,增强城市间的用地合作,最终扩大物流用地能力,为城市地理空间资源的可持续利用提供了途径。

都市圈一体化发展有利于推进物流创新发展。都市圈一体化发展可以为物流创新提供更好的平台和机会,加强物流技术研究和应用,推动物流转型升级。通过物流创新,提高物流服务水平和质量,降低物流成本,推动区域物流协同发展。都市圈一体化的推进对于物流创新发展起到了重要的促进作用,可以促进创新资源共享,都市圈一体化促进了城市间的合作发展,推动物流企业之间的创新资源共享,更好地利用资金、人才、技术等创新资源。可以创新环境优化,都市圈一体化可以整合优化物流产业链,打造创新支撑环境和亲商环境,从而更好地满足物流企业的需求和创新动力;有利于技术创新推广:一体化后,物流企业更易于获取和推广物流信息技术,如无人驾驶技术、物联网技术等,可以推进物流技术创新和发展;创新服务升级,都市圈一体化后,更容易实现物流企业之间、物流企业与客户之间、各级物流企业之间的信息共享。这将有助于物流企业根据客户需求提供更加定制化的服务;创新机制培育,都市圈一体化的推进可以激励物流企业通过产业转型升级,从而逐渐形成创新驱动发展的机制,推进物流行业的创新发展和升级。

综上所述,都市圈一体化发展是促进区域物流协同发展的重要手段和途径,能够提高物流效率、降低物流成本、增强整个区域的物流竞争力。

区域物流协同与都市圈一体化之间是相互促进、相互支撑、相互影响的,它们之间的良性互动,有助于推动都市圈经济的发展。

第三章

浙江区域物流系统发展现状

区域物流系统包括区域物流需求子系统、区域物流供给子系统、区域物流支撑子系统,本章从三个子系统出发对浙江省域物流系统、浙江 11 地市物流系统的现状进行介绍,并分析了浙江省域物流系统碳排放的现状和影响因素。

第一节　浙江省物流系统发展现状

浙江省是中国物流业发达的地区之一,拥有发达的交通网络和完善的物流系统。浙江省的物流系统发展状况较好,表现在以下几个方面:

浙江省的交通网络十分发达,包括高速公路、铁路、航空和港口。截至 2020 年底,全省高速公路总里程、铁路营运里程、高等级内河航道里程分别达到 5,096 公里、3,211 公里、1,667 公里,相比"十二五"末期,同比增长 20.3%、18.8% 和 10.9%;全省共有民航机场 7 个,率先成为拥有三大千万级机场的省份之一,杭州萧山国际机场成为全国第五大航空口岸。

其中,多条高速公路连接着福建、江苏、上海等周边省市,浙江省高速公路路网密度达到很高水平,截至 2020 年年末,路网密度达 4.83 公里/百平方公里,居全国各省(自治区)第三。特别是经济发达地区的高速公路网密度更高,城市间及城市与景区间高速公路网络发达,路网建设相对完善,浙江省高速公路已经形成了"二纵二横"的主骨架,以及多条射线、联络线等,高速路网布局基本完善,不同类型的高速公路基本实现了有效衔接,能够满足交通需求,浙江省高速公路已基本覆盖全省各市县,包括所有县级行政区域,形成较为完整的区域路网结构。

浙江省铁路也十分发达,主要的铁路干线覆盖全省各地,包括杭牛铁路、金温铁路、宁杭高铁、沪昆高铁、京沪高速铁路、商合杭高铁等,浙江省还在积极推进多个铁路项目和规划,比如,杭州湾跨海铁路、沪苏湖铁路、甬金铁路等。浙江省下一步将实现了"陆域市市通高铁",全省 75％的市(县)实现通铁路。

浙江省的航空物流发展相对较好。具体来说,2023 年 1—6 月浙江省机场货邮吞吐量在全国主要省份中位列第四,同比增长 13.12％,增幅位列全国前十省份第一。其中,杭州机场完成货邮吞吐量 42.44 万吨,在全国主要机场中位列第五,同比增长 6.21％,是全国货邮吞吐量前十机场中仅有的三家实现正增长的机场之一。此外,浙江省口岸机场累计开通国际(地区)全货运航线 40 条,稳定运营 32 条。其中,杭州机场今年上半年新增杭州往返比隆、芝加哥、阿姆斯特丹、布达佩斯等 4 条货运航线,目前总国际货运航线为 16 条,每周航班 45 班。2023 年上半年,杭州机场完成国际(地区)货运量 7.12 万吨,同比增长 7.02％,增幅在全国国际(地区)货运量前十机场中排名第一。

浙江省港航物流非常发达,拥有中国最大的港口之一宁波舟山港,是中国沿海主要港口和中国国家综合运输体系的重要枢纽,2022 年浙江省宁波舟山港完成年货物吞吐量超 12.5 亿吨,连续 14 年位居全球第一,完成集装箱吞吐量 3,335 万标准箱,位居全球第三,宁波舟山港航线总数达 300 条,其中"一带一路"航线达 120 条。

拥有多个专业的物流园区,涵盖了冷链物流、汽车物流、电商物流等各个领域。其中比较有名的包括杭州萧山国际机场综合保税区、义乌市国际商贸城物流园区、温州国际物流园区等,宁波舟山港口型国家物流枢纽、金华(义乌)商贸服务型国家物流枢纽成功入围国家首批建设名单,累计创建 3 批共 20 家省级物流示范园区。

浙江省有众多的物流企业,包括国有和民营企业,规模从小到大。知名的物流企业包括传化物流、安能物流、申通、圆通、中通、韵达等,同时还有许多地方性的物流企业。浙江省是全国电子商务最发达的省份之一,电商物流的发展也非常迅速。阿里巴巴集团、京东物流等大型电商企业都在浙江省设立了仓储和物流中心。

一、浙江省物流需求子系统

从区域生产总值来看(图 3-1),浙江省生产总值 2020 年达到 6.4 万亿,2013 年地区生产总值为 3.7 万亿,2020 年相比 2013 年,地区生产总值增加了 73%,年均增长达到 10.42%。从趋势来看,2013 年到 2020 年,浙江的区域生产总值各年份均呈现出稳步增长态势。

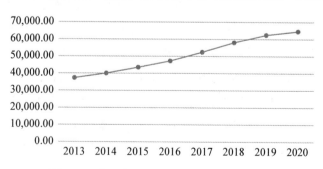

图 3-1　浙江省 2013—2020 年区域生产总值

从人均生产总值来看(图 3 - 2),浙江省人均生产总值 2020 年达到 10 万元,2013 年人均生产总值为 6.5 万元,2020 年相比 2013 年,人均生产总值增加了 73%,年均增长达到 7.79%。从趋势来看,2013 年到 2019 年,每年都呈现出稳步增长态势,而 2019 年到 2020 年,人均生产总值有所下降,主要是因为新冠疫情影响所致。

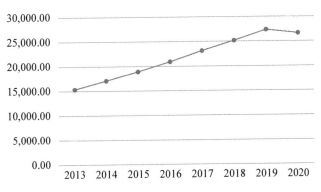

图 3 - 2　浙江省 2013—2020 年人均生产总值

从进出口总额来看(图 3 - 3),浙江省 2020 年达到 4,885.43 亿美元,2013 年进出口总额为 3,357.89 亿美元,2020 年相比 2013 年增加了 45.49%,年均增长达到 6.5%。从趋势来看,2013 年到 2014 年,略有增长,2014 到 2016 年进出口总额略有下降,2016 年到 2020 年则出现较大的增长幅度。

从第三产业增加值来看(图 3 - 4),浙江省 2020 年达到 3.6 万亿,占地区生产总值 46.75%,2013 年第三产业增加值为 1.74 万亿,占地区生产总值 55.76%,2020 年相比 2013 年实现了翻番,年均增长达到 15.21%。从趋势来看,2013 年到 2020 年浙江第三产业增加值呈现出较大的稳步增长态势。

总体来看,浙江省是中国的经济大省之一,其经济总量和发展水平

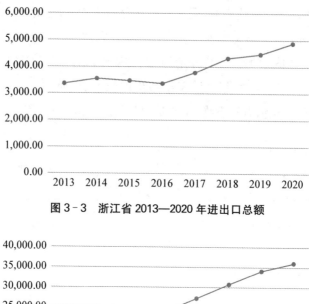

图 3-3 浙江省 2013—2020 年进出口总额

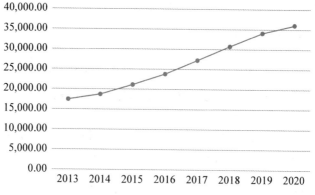

图 3-4 浙江省 2013—2020 年第三产业增加值

居于全国前列,浙江省经济的快速发展,对物流服务的需求日益增长,需要提供更高质量、更高效的物流服务,以满足各类物流服务需求。

二、浙江省物流供给子系统

从货物周转量来看(图 3-5),浙江省 2020 年达到 12,323 亿吨公里,2013 年 8,949 亿吨公里,2020 年相比 2013 年增加了 37.7%,

年均增长达到 5.39%。从趋势来看,2013 年到 2020 年货物周转量呈现出较大的稳步增长态势。

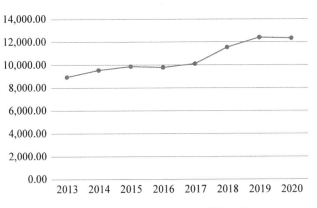

图 3-5　浙江省 2013—2020 年货物周转量

从货运量来看(图 3-6),浙江省 2020 年达到 18.79 亿吨,2013 年 30 亿吨,2020 年相比 2013 年增加了 59.6%,年均增长达到 8.51%。从货运量发展的趋势来看,2013 年到 2016 年增长较为平稳,2016 年到 2020 年增长速度更快。

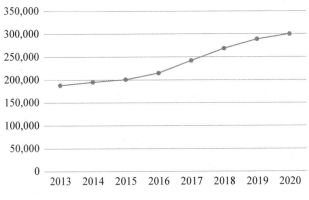

图 3-6　浙江省 2013—2020 年货运量

浙江省物流供给体量大,发展迅猛,2020年浙江省物流业增加值达到6,300亿元,物流业占全省GDP比重达到9.8%,拥有一批实力较强的物流企业,物流网络逐渐完善,市场规模和服务质量得到了较大的提升。同时,随着新技术的发展和应用,物流业在服务品质、效率和可持续发展等方面也取得了较大的进展。

三、浙江省物流支撑子系统

从公路基础设施来看(图3-7),浙江公路通车里程稳中有增长,2020年公路里程为123,080公里,2013年为115,426公里,2020年相比2013年增长了6.63%。高速公路来看,2020年为5,096公里,2013年为3,787公里,2020年相比2013年增长了34.57%,年均增长达到4.94%,高速公路通车里程增长幅度较大。

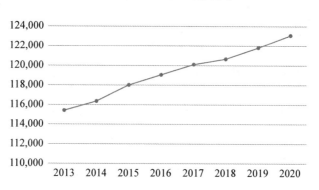

图3-7 浙江省2013—2020年公路通车里程

从铁路营业里程来看(图3-8),2020年为3160公里,2013年为2,031公里,2020年相比2013年增长了55.59%,年均增长达到7.94%,铁路营业里程增长幅度较大。近十年来是浙江省铁路发展的“春天”,目前,浙江省的铁路可以辐射到全国各个重要的城市,并已经初步建成杭州至长三角和省内主要城市 1—2 小时高铁交通圈。

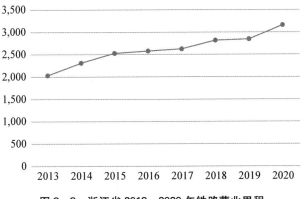

图 3‐8　浙江省 2013—2020 年铁路营业里程

从互联网发展来看(图 3‐9),2020 年互联网宽带接入用户为 2,939 万户,2013 年为 1,243 万户,2020 年相比 2013 年增长了 136.44％,年均增长达到 19.49％;2020 年移动互联网用户为 7,041 万户,2013 年为 4,719 万户,2020 年相比 2013 年增长了 49.2％,年均增长达到 7.03％。互联网宽带用户增长速度非常快。

－◆－ 移动互联网用户（万户）
－◆－ 互联网宽带接入用户（万户）

图 3‐9　浙江省 2013—2020 年网络用户情况

总体来看,浙江省经过多年的建设和升级,形成了完善的公路、铁路和水路等物流基础设施网络,发展较为完善,互联网发展基础好,为浙江省物流业的发展提供了有力支撑。

第二节　浙江省 11 地市区域物流系统发展现状

一、浙江省 11 地市发展简介

浙江省是中国东部沿海省份之一,共辖 11 个地级行政单位。

杭州市是浙江省辖地级市、省会、副省级市、特大城市,也是国务院批复确定的浙江省经济、文化、科教中心和长江三角洲中心城市之一。杭州市总面积为 16,850 平方千米,下辖 10 个区、2 个县、1 个县级市,总人口约为 1,237 万,杭州市拥有丰富的自然和文化资源。杭州市位于长江三角洲南翼、杭州湾西端,是"丝绸之路经济带"和"21世纪海上丝绸之路"的延伸交点和"网上丝绸之路"战略枢纽城市。杭州市拥有丰富的自然和文化资源。早在新石器时代,距今已有8,000 多年的历史,人类就已经在这里繁衍生息。跨湖桥遗址的发掘显示,距今 5,000 多年前的良渚文化被称为"中华文明的曙光"。此外,杭州市也拥有世界一流的现代化建设成果,特别是电子商务、大数据、人工智能等新兴产业的发展,让杭州市在国内外的影响力日益提升。总的来说,杭州市是具有江南特色的历史文化名城,也是浙江省的重要经济、文化和科教中心,在中国乃至世界都具有较高的知名度和影响力。

宁波市是浙江省辖地级市、副省级市、计划单列市、Ⅰ型大城市,是国务院批复确定的中国东南沿海重要的港口城市、长江三角洲南翼经济中心。宁波市位于浙江省东北部,北濒杭州湾,东有舟山群岛为天然屏障,西接绍兴,南邻台州。宁波市下辖 6 个区、2 个县、代管 2 个县级市,总面积约为 9,816 平方千米,常住人口约 954 万人。宁波市属于典型的江南水乡兼海港城市,具有亚热带季风气候,是中国大运河南端出海口、"海上丝绸之路"东方始发港。宁波舟山港年货物吞吐量位居全球第一,集装箱量位居世界前三,是一个集内河港、河口港和海港于一体的多功能、综合性的现代化深水大港,宁波市是中国制造 2025 首个试点示范城市。宁波不仅是一个经济发展快速的现代化城市,还有着悠久的历史文化。在唐代时期,宁波地区称为"明州",明州州治迁到三江口并筑内城,标志着宁波建城之始。而到了明洪武十四年(1381 年),取"海定则波宁"之义改称宁波,沿用至今。宁波是全国重要的制造业标杆城市。目前全市各类制造业主体超过 12 万家,形成了汽车制造、绿色石化、新材料等 8 个超千亿级产业集群,工业总产值突破 2 万亿元,工业增加值 4,954 亿元,均居浙江省首位。宁波是一个集历史文化、现代文明和美食风味于一体的城市,也是中国东南沿海地区重要的经济、文化和科教中心之一。

温州市是浙江省辖地级市,简称"瓯",也被称为"东瓯",位于浙江省东南部,北与台州市接壤,南与福建省相邻,西及西北部与丽水市相连,东濒东海。温州市拥有 12,110 平方千米的陆地面积和 8,649 平方千米的海域面积,是一个沿海城市,常住人口 967 万人。温州市拥有悠久的历史,古为瓯地,建于公元 323 年的永嘉郡为建郡之始,已有 2,000 余年的建城历史。温州市还是中国民营经济先发地、中国数学家的摇篮、中国南戏的故乡、中国鞋都等,有"东南山水甲天下"之美誉。温州市拥有丰富的自然和文化景点,温州市共有 80 个 A 级旅游景区,其中国家 5A 级旅游景区 2 个,国家 4A 级旅游景区 21 个。温州市还是中国改革开放的前沿阵地,设有温州市金融综合改革试验区,也是中国 14 个首批沿海开放城市之一。温州市的主导产业包括电气、鞋业、泵阀、汽车零部件、服装等 5 大传统支柱产业和数字经济、新材料、智能装备、新能源、生命健康等 5 大新兴主导产业。总的来说,温州市是一个位于浙江省东南部的沿海城市,拥有丰富的自然和文化资源,经济发展迅速,在中国改革开放进程中具有重要地位。

绍兴市是位于浙江省中部,杭州都市圈副中心城市。绍兴市是位于中国浙江省中北部,地处杭州湾南岸,东临宁波市,南接台州市和金华市,西与杭州市相邻,北隔钱塘江与嘉兴市相邻。绍兴市是一个具有悠久历史的城市,建城史已有 2,500 多年,是中国的首批国家历史文化名城和联合国人居奖城市。绍兴市还是中国著名的水乡、桥乡、酒乡、书法之乡、名士之乡,拥有丰富的文化古迹和自然风光。绍兴市下辖 3 个区(越城、柯桥、上虞)、1 个县(新昌)和代管 2 个县级市(嵊州、诸暨),市政府驻地为越城区。绍兴市的总面积为 8,273.3 平方千米,常住人口为 527 万人。绍兴市还是一个具有较高活力的城市,拥有众多的民营企业和科技创新企业。同时,绍兴市还是一个旅游胜地,拥有众多著名的文化古迹和自然景观。绍兴市的主导产业包括纺织产业、医药化工产业和金属加工产业。

湖州市是浙江省下辖地级市,是长江三角洲中心区 27 城之一、环杭州湾大湾区核心城市、G60 科创走廊中心城市,地处浙江省北部,浙苏皖三省交汇处,东邻嘉兴,南接杭州,西依天目山,北濒太湖,与无锡、苏州隔湖相望。湖州市下辖吴兴、南浔两区和德清、长兴、安吉三县,总面积 5,820 平方千米,常住人口 306 万人。湖州市有着 2,300 多年的建城史,是一座江南古城,素有"丝绸之府、鱼米之乡、文化之邦"的美誉,宋代就有"苏湖熟,天下足"之说。湖州市自然环境优美,拥有众多的自然景观和历史人文景观,如莫干山、南浔古镇、钱山漾遗址等。湖笔就产于湖州,而钱山漾遗址开启了 4,000 多年的世界养蚕织丝史,被命名为世界丝绸之源。湖州主导产业包括新材料产业、绿色家居产业、电梯制造、化纤和纺织产业、新能源产业、生物医药制造产业等。

嘉兴市是浙江省辖地级市,位于浙江省东北部,长江三角洲杭嘉湖平原腹心地带,是长江三角洲重要城市之一。嘉兴市东临大海,南接杭州,西依杭州,北靠苏州。全市总面积 4,275.05 平方千米,常住人口 540 万人。嘉兴有着悠久的历史和丰富的文化。境内有新石器时代遗址 60 余处,是中国水稻文化的发源地,也是中国近代史上重要的革命纪念地。嘉兴的经济发展迅速,积极发展智能制造、数字经济、新材料等新兴产业,为经济增长注入了新的动力。此外,嘉兴还有着美丽的自然景观。总之,嘉兴市是一个有着丰富历史和文化底蕴、经济发展迅速、自然环境优美的城市。

台州市是浙江省辖地级市,位于浙江省中部沿海,东濒东海,北靠绍兴市、宁波市,南邻温州市,西与金华市和丽水市毗邻。台州市陆地总面积 9,411 平方千米,拥有 9 个县(市、区),其中 6 个县(市、区)濒临海洋,台州市常住人口为 662 万人。台州市是长江三角洲中心区 27 城之一,也是国务院批复确定的浙江沿海的区域性中心城市和现代化港口城市。台州市是江南水乡兼海港城市,水穿城过,拥有丰富的水系资源,台州市还拥有丰富的自然和文化景点,如神仙居、长屿硐天、方山南嵩岩等自然景观,以及天台宗、道教南宗等文化景观。2015 年,台州市被列为第二批国家新型城镇化综合试点地区。2017 年,台州市获得了全国文明城市称号,并入选中国最具幸福感城市。台州主导产业为电力能源、汽车摩托车、医药化工、家用电器、塑料模具、服装机械等。总的来说,台州市是一个拥有丰富的人文和自然资源,以及经济发展迅速的城市。

金华市是浙江省辖地级市,位于浙江省中部,金华市东邻台州,南毗丽水,西连衢州,北接绍兴、杭州。金华市下辖 2 个区、7 个县市,管辖面积 10,942 平方千米,常住人口为 705 万人。金华市历史悠久,建制久远。自秦始皇 25 年建城以来,已有 2,300 年的历史。因其"地处金星与婺女两星争华之处"得名金华。金华市是浙江中部通往中南、西南和华南的交通咽喉要道上,具有较为便捷的交通条件。金华-义乌都市区被确定为浙江省的四个大都市区之一。金华市还是中国历史文化名城之一,有着丰富的历史遗迹和文化景点。例如,金华市有骆宾王等历史文化名人留下的印记,同时也有如武义的温泉等自然景观和特色旅游资源。金华聚焦新能源汽车及高端装备制造、大健康、数字经济产业三大主导产业。总的来说,金华市是一个拥有丰富历史和文化底蕴,自然环境优美且经济发展迅速的城市。

衢州是浙江省辖地级市,位于浙江省西部,钱塘江上游,金(华)衢(州)盆地西端,总面积 8,844.6 平方千米,常住人口 229 万人。该市南接福建南平,西连江西上饶、景德镇,北邻安徽黄山,东与省内金华、丽水、杭州三市相邻。下辖柯城区、衢江区、江山市、龙游县、常山县和开化县。衢州是一座具有 1,800 多年历史的江南文化名城,素有"四省通衢、五路总头"之称,一直是浙、闽、赣、皖四省边际交通枢纽和物资集散地。境内旅游资源丰富,拥有"神奇山水,名城衢州"之称,有江郎山、烂柯山、龙游石窟等 150 多处景点。1994 年被国务院命名为国家级历史文化名城。衢州市是浙江省重要的化工产业基地之一,围绕新材料、新能源、集成电路、智能装备、生命健康、特种纸六大产业链布局发展。

舟山市是浙江省辖地级市,也是中国第一个以群岛建制的地级市。它位于中国东部黄金海岸线与长江黄金水道的交汇处,背靠长三角广阔经济腹地,地处长江口南侧,杭州湾外缘的东海洋面上。舟山市下辖定海、普陀两区和岱山、嵊泗两县,总人口约114.6万人。舟山市因其丰富的海洋资源和独特的地理环境,成为中国的渔场和海洋渔业的重要基地,舟山市的水产品也是远销全球50多个国家和地区。舟山是长三角区域重要的散货中转中心,也是江海联运服务中心,2022年,舟山港域完成港口货物吞吐量6.24亿吨,其中江海联运量3.01亿吨。舟山市也是中国著名的旅游目的地之一,拥有普陀山、嵊泗列岛等大量的旅游资源。舟山市的临海工业,特别是船舶制造与修理,海洋化工也较为发达,是中国最大的油气储运基地。总的来说,舟山市是一个拥有丰富的自然和文化资源,经济发展迅速,地理位置重要,充满活力和潜力的城市,是国际性的港口与海岛旅游城市。

丽水市位于浙江省西南部,古称处州,始名于隋开皇九年(公元589年),已有1,400多年的历史,是浙西南政治、经济、文化中心。丽水市面积1.73万平方千米,是浙江省陆域面积最大的地级市,辖9个县(市、区)包括莲都区、龙泉市和青田、云和、庆元、缙云、遂昌、松阳、景宁县,常住人口269.3万。丽水市处于亚热带季风气候带,四季分明,雨量充沛,拥有优越的自然条件。森林覆盖率高达81.7%,被誉为"浙江林海"。丽水市还是瓯江、钱塘江、闽江等六大水系的发源地。丽水市也是文化和历史的宝库。这里不仅有龙泉凤阳山、庆元百山祖等自然景观,还有缙云仙都鼎湖峰、青田石门洞等全国和省级风景名胜区。同时,丽水市也是历史名人和文化的聚集地,如叶绍翁、刘基等历史名人,以及龙泉青瓷、宝剑,青田石雕等传统工艺品。在经济方面,丽水主导产业为半导体全链条、精密制造、健康医药、时尚产业、数字经济五大主导产业集群。总的来说,丽水市是一个拥有丰富的自然和文化资源,历史悠久,经济繁荣,旅游资源丰富,投资环境良好的城市。

下面从物流需求子系统、物流供给子系统、物流支撑子系统对浙江 11 地市物流系统现状进行介绍。

二、浙江省 11 地市物流需求子系统

1. 区域生产总值

从区域生产总值来看,11 地市的区域生产总值呈现增长态势,具体见图 3-10。

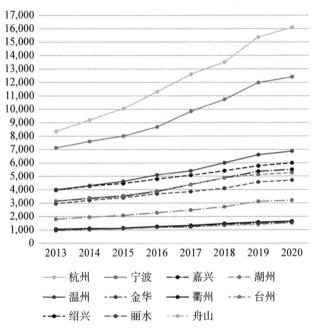

图 3-10 浙江省 11 地市 2013—2020 年区域生产总值

　　其中,杭州处于第一位,宁波处于第二位,杭州市生产总值 2020年达到 1.6 万亿,宁波为 1.2 万亿,两市合计占浙江省区域生产总值的 43.75%。杭州市 2020 年相比 2013 年,地区生产总值增加了93%,年均增长达到 13.29%。宁波市 2020 年相比 2013 年,地区生产总值增加了 74.1%,年均增长达到 10.58%。杭州相比宁波增长速度大,宁波与杭州的发展差距有扩大趋势。

　　排在第三名的为温州,第四名为绍兴,两个城市 2020 年生产总值达到 0.6 万亿以上,绍兴和温州的差距一开始较小,从 2016 年开始,差距在逐步扩大。温州市 2020 年相比 2013 年,地区生产总值增加了 71.6%,年均增长达到 10.23%。绍兴市 2020 年相比 2013 年,地区生产总值增加了 51.3%,年均增长达到 7.32%,绍兴市年均增长速度低于温州,发展速度降低。

　　第五名为嘉兴,第六名为台州,两个城市 2020 年生产总值在0.5—0.6 万亿之间,台州与嘉兴 2013 年几乎无差距,但从 2019 年开始,台州与嘉兴的差距在扩大。嘉兴市 2020 年相比 2013 年,地区生产总值增加了 75.1%,年均增长达到 10.72%。台州市 2020 年相比2013 年,地区生产总值增加了 67%,年均增长达到 9.56%。台州的增长速度稍低于嘉兴。

　　金华排在第七名,2020 年生产总值为 0.47 万亿,相比 2013 年,地区生产总值增加了 59%,年均增长达到 8.43%;湖州排在第八名,2020 年生产总值为 0.32 万亿,相比 2013 年,地区生产总值增加了77.5%,年均增长达到 11.07%,增加速度比金华要略快。

　　第九名为衢州,第十名为丽水,第十一名舟山,三个城市 2020 年的生产总值为 0.15 万亿左右,相差幅度不大。衢州市 2020 年相比2013 年,地区生产总值增加了 55.1%,年均增长达到 7.87%。丽水市 2020 年相比 2013 年,地区生产总值增加了 56.7%,年均增长达到

8.1%,舟山市地区生产总值2020年相比2013年增加了62.4%,年均增长达到8.91%。三个城市中舟山增长幅度略微大点。

整体来看,从2013年到2020年,浙江省11地市的区域生产总值排名基本无多大变化,浙江省区域生产总值的结构体系变化不大。

2. 人均生产总值

从人均生产总值来看,11地市的人均生产总值呈现一定波动状态,具体见图3-11。

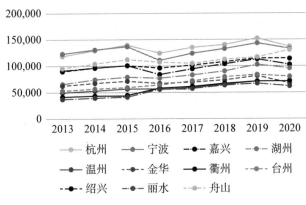

图3-11 浙江省11地市2013—2020年人均生产总值

其中,杭州、宁波处于前两名,2013年、2014年宁波市人均生产总值略高于杭州,2014年后杭州人均生产总值一直高于宁波,但2020年疫情后,杭州、宁波人均生产总值下降明显。杭州市最高人均生产总值为2019年,达到15万元,宁波市最高人均生产总值是2019年,达到14.3万元。排在第三名为舟山,2020年最大值为13万元,与宁波差距在缩小,向第一梯度位置在靠拢。2020年相比2013年,杭州人均生产总值增加了15.2%,宁波增加了7.7%,舟山增加了35.9%,舟山人均生产总值的增长速度更快,杭州较宁波的增长速度稍快。

第四名为绍兴,其 2020 年人均生产总值为 11.37 万元;第五名为嘉兴,其 2020 年人均生产总值为 10.25 万元。2013 年到 2015 年,嘉兴人均生产总值略高于绍兴,而 2016 年开始,绍兴人均生产总值超过了嘉兴。2020 年相比 2013 年,绍兴人均生产总值增加了 26.5%,嘉兴增加了 12.5%,绍兴人均生产总值的增长速度更快。

第六名为湖州,2013 年至 2020 年人均生产总值增加明显,2019 年最大值达到 10.26 万元,2020 年为 9.56 万元;台州排在第七名,金华排在第八名,2013 年至 2021 年金华人均生产总值高于台州,2017 年至 2020 年,台州人均生产总值高于金华,2020 年,台州人均生产总值为 8 万元,金华为 6.7 万元。2020 年相比 2013 年,湖州人均生产总值增加了 45.1%,台州增加了 50.1%,金华增加了 7.4%,台州增长速度最快,湖州增长速度也较快,金华由于疫情影响,2020 年人均生产总值较 2019 年降低很多。

第九名为衢州,第十名为温州,2013 年至 2015 年,温州人均生产总值明显高于衢州,2016 年开始,衢州反超温州,2020 年衢州人均生产总值 7.22 万元,温州为 7.18 万元,二者相差不大。第十一名丽水,人均生产总值增长明显,从 2013 年的 3.73 万元增加到 6.18 万元,但仍排在最末位置。2020 年相比 2013 年,衢州人均生产总值增加了 73.2%,温州增加了 44.1%,丽水增加了 65.5%,衢州增长速度最快,丽水增长速度也较快,

整体来看,从 2013 年到 2020 年,浙江省 11 地市的人均生产总值排名有一定的变化,整个结构格局有所变化。

3. 社会消费品零售总额

从社会消费品零售总额来看,11 地市的社会消费品零售总额呈现一定增长态势,具体见图 3－12。

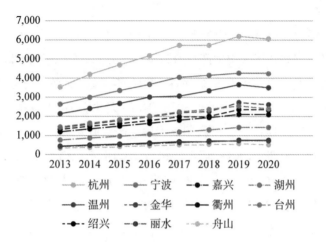

图 3-12　浙江省 11 地市 2013—2020 年社会零售总额

　　其中,杭州处于第一名,宁波处于第二名,杭州 2020 年社会消费品零售总额为 6,055 亿元,相比 2013 年增长了 71.5％,宁波 2020 年社会消费品零售总额为 4,238 亿元,相比 2013 年增长了 60.8％,杭州增长速度略高于宁波。第三名为温州,温州 2020 年社会消费品零售总额为 3,497 亿元,相比 2013 年增长了 64％。

　　第四名为金华,第五名为台州,第六名绍兴,第七名为嘉兴,四个城市的社会消费品零售总额比较接近,2020 年,金华为 2,611 亿元,台州为 2,396 亿元,绍兴为 2,322 亿元,嘉兴为 2,092 亿元。2020 年相比 2013 年,金华社会零售消费品总额增长了 86％,台州增长了 65.3％,绍兴 76.2％,嘉兴 74.8％,金华的增长幅度最大。

　　第八名为湖州,2020 年,湖州社会消费品零售总额为 1,424 亿元,相比 2013 年增长了 85.9％。

　　第九名为衢州,第十名为丽水,第十一名为舟山。2020 年,衢州社会消费品零售总额为 751 亿元,丽水为 727 亿元,舟山为 511 亿

元,相比 2013 年,衢州增长了 69%,丽水增长了 72.9%,舟山增长
了 54%。

整体来看,从 2013 年到 2020 年,浙江省 11 地市的社会消费品
零售总额排名没有较大变化,但均呈现出一定的增长格局。

4. 第三产业增加值

从第三产业增加值来看,11 地市的第三产业增加值均呈现一定
增长态势,具体见图 3-13。

图 3-13 浙江省 11 地市 2013—2020 年第三产业增加值

其中,杭州处于第一名,杭州第三产业增加值 2020 年为 10,959
亿元,相比 2013 年增长了 148.2%。宁波处于第二名,宁波 2020 年
第三产业增加值为 6,376 亿元,相比 2013 年增长了 105%。从图中
可以看出,2013 年至 2020 年,杭州第三产业发展速度更快,宁波与杭
州在第三产业的差距在扩大。

第三名为温州,2020 年第三产业增加值为 3,877 亿元,相比
2013 年增长了 107%;第四名为绍兴,2020 年第三产业增加值为
3,070 亿元,相比 2013 年增长了 83.7%。

第五名为金华,2020 年第三产业增加值为 2,733 亿元,相比

2013年增长了99%；第六名台州，2020年第三产业增加值为2,670亿元，相比2013年增长了87.4%；第七名为嘉兴，2020年第三产业增加值为2,525亿元，相比2013年增长了99.6%；三个城市的第三产业增加值比较接近，嘉兴的增长幅度最大。

第八名为湖州，2020年第三产业增加值为1,473亿元，相比2013年增长了103.3%。

第九名为衢州，第十名为丽水，第十一名为舟山。2020年，衢州第三产业增加值为887亿元，丽水为880亿元，舟山为769亿元，相比2013年，衢州增长了112%，丽水增长了119.7%，舟山增长了82%。

整体来看，从2013年到2020年，浙江省11地市的第三产业增加值排名没有较大变化，但均呈现出一定的增长格局，其中杭州增长幅度最大，舟山增长幅度最小。

5. 进出口总额

从进出口总额来看，11地市的进出口总额均呈现一定增长态势，具体见图3-14。

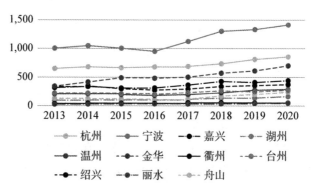

图3-14　浙江省11地市2013—2020年进出口总额

其中,宁波处于第一名,宁波进出口总额 2020 年为 1,413 亿美元,相比 2013 年增长了 40.8%,2013 年到 2016 年进出口总额处于减少态势,2016 年又开始逐步恢复增长。杭州处于第二名,进出口总额 2020 年为 856 亿美元,相比 2013 年增长了 31.6%。从图中可以看出,2013 年至 2020 年,杭州进出口总额发展稳定,而宁波的波动较大。

第三名为金华,2020 年进出口总额为 701 亿美元,相比 2013 年增长了 105%;第四名为嘉兴,2020 年进出口总额为 443 亿美元,相比 2013 年增长了 39.3%;第五名为绍兴,2020 年进出口总额为 374 亿美元,相比 2013 年增长了 12%。

第六名温州,2020 年进出口总额为 290 亿美元,相比 2013 年增长了 41%;第七名为台州,2020 年进出口总额为 275 亿美元,相比 2013 年增长了 25.8%;第八名为舟山,2020 年进出口总额为 242 亿美元,相比 2013 年增长了 91%。三个城市的进出口总额比较接近,舟山的增长幅度最大。

第九名为湖州,第十名为衢州,第十一名为丽水。2020 年,湖州进出口总额为 163 亿美元,衢州为 52 亿美元,丽水为 50 亿美元,相比 2013 年,湖州增长了 71.3%,衢州增长了 38%,丽水增长了 92.4%。

整体来看,从 2013 年到 2020 年,浙江省 11 地市的进出口总额排名没有较大变化,但均呈现出一定的增长格局,其中金华增长幅度最大,绍兴增长幅度最小。

三、浙江省 11 地市物流供给子系统

1. 货运量

从货运量来看,11 地市的货运量均呈现一定增长态势,具体见图 3-15。

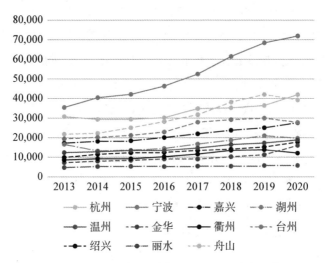

图 3-15 浙江省 11 地市 2013—2020 年货运量

其中,宁波处于第一名,宁波货运量 2020 年为 71,898 万吨,相比 2013 年增长了 103.1%。杭州处于第二名,货运量 2020 年为 41,944 万吨,相比 2013 年增长了 36.5%。第三名为舟山,2020 年货运量为 39,200 万吨,相比 2013 年增长了 79.7%,2018 年超过杭州,但 2020 年有所下降,最后 2020 年低于杭州货运量水平。

第四名为台州,货运量 2020 年为 27,802 万吨,相比 2013 年增长了 42.8%;第五名为嘉兴,货运量 2020 年为 27,642 万吨,相比 2013 年增长了 60.1%。

第六名为湖州,2020 年货运量为 19,743 万吨,相比 2013 年增长了 18.7%;第七名温州,2020 年货运量为 18,883 万吨,相比 2013 年增长了 12%;第八名绍兴,2020 年货运量为 17,787 万吨,相比 2013 年增长了 80.2%;第九名金华,2020 年货运量为 16,089 万吨,相比 2013 年增长了 123.3%。

第十名为衢州,2020 年货运量为 12,092 万吨,相比 2013 年增长了 40.9%。

第十一名为丽水,2020 年货运量为 5,793 万吨,相比 2013 年增长了 22.2%。

整体来看,从 2013 年到 2020 年,浙江省 11 地市的货运量排名没有较大变化,均呈现出一定的增长格局,其中金华增长幅度最大,湖州增长幅度最小。

2. 货运周转量

从货运周转量来看,11 地市的货运量均呈现一定增长态势,具体见图 3 - 16。

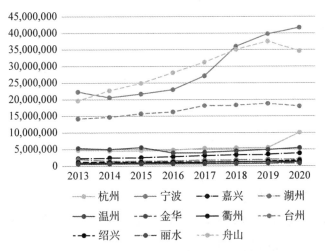

图 3 - 16　浙江省 11 地市 2013—2020 年货运周转量

其中,宁波处于第一名,宁波货运周转量 2020 年为 4,170 亿吨公里,相比 2013 年增长了 87%。舟山处于第二名,货运周转量 2020 年为 3,457 亿吨公里,相比 2013 年增长了 36.5%。2014 年舟山货运周转量超过宁波,2018 年宁波货运周转量超过舟山。

第三名为台州,货运周转量 2020 年为 1,797 亿吨公里,相比 2013 年增长了 26.6%;第四名为杭州,货运周转量 2020 年为 1,007 亿吨公里,相比 2013 年增长了 113.2%。

第五名为温州,货运周转量 2020 年为 545 亿吨公里,相比 2013 年增长了 2.4%;第六名嘉兴,货运周转量 2020 年为 385 亿吨公里,相比 2013 年增长了 68.6%;第七名湖州,货运周转量 2020 年为 200 亿吨公里,相比 2013 年下降了 1.3%;第八名绍兴,货运周转量 2020 年为 167 亿吨公里,相比 2013 年增长了 41.2%;第九名衢州,货运周转量 2020 年为 136 亿吨公里,相比 2013 年增长了 50.4%;第十名为金华,货运周转量 2020 年为 128 亿吨公里,相比 2013 年增长了 123.9%;第十一名为丽水,货运周转量 2020 年为 84 亿吨公里,相比 2013 年增长了 16.3%。

整体来看,从 2013 年到 2020 年,浙江省 11 地市的货运周转量排名没有较大变化,均呈现出一定的增长态势,仅湖州下降了,其中金华增长幅度最大。

四、浙江省 11 地市物流支撑子系统

1. 公路基础设施

从境内公路里程来看,11 地市的境内公路里程数均呈现一定增长态势,具体见图 3-17。

其中,杭州境内公路里程数最多,2020 年为 16,919 公里,相比 2013 年增长了 6.4%;丽水处于第二名,丽水境内公路里程 2020 年为 15,804 公里,相比 2013 年增长了 8.7%;第三名为温州,境内公路里程 2020 年为 15,084 公里,相比 2013 年增长了 5.1%。

第四名为台州,境内公路里程 2020 年为 13,239 公里,相比 2013

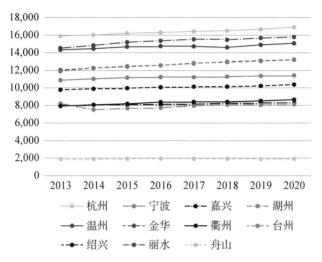

图 3‐17 浙江省 11 地市 2013—2020 年境内公路里程

年增长了 11.2%；第五名为金华,境内公路里程 2020 年为 13,215 公里,相比 2013 年增长了 9.8%。

第六名宁波,境内公路里程 2020 年为 11,433 公里,相比 2013 年增长了 5%；第七名绍兴,境内公路里程 2020 年为 10,381 公里,相比 2013 年增长了 6.1%。

第八名衢州,境内公路里程 2020 年为 8,661 公里,相比 2013 年增长了 9.2%；第九名嘉兴,境内公路里程 2020 年为 8,276 公里,相比 2013 年增长了 3.4%；第十名为湖州,境内公路里程 2020 年为 8,139 公里,相比 2013 年增长了 8%；第十一名为舟山,境内公路里程 2020 年为 1,929 公里,相比 2013 年增长了 3.2%。

整体来看,从 2013 年到 2020 年,浙江省 11 地市的境内公路里程没有较大变化,均呈现出一定的增长态势,其中台州增长幅度最大,舟山增长幅度最小。

从高速公路里程来看,11 地市的境内公路里程数均呈现一定增长态势,具体见图 3 - 18。

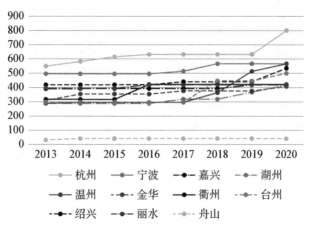

图 3 - 18   浙江省 11 地市 2013—2020 年高速公路里程

其中,杭州高速公路里程数最多,2020 年为 801 公里,相比 2013 年增长了 45.8%。

宁波处于第二名,高速公路里程 2020 年为 567 公里,相比 2013 年增长了 14.4%;第三名为温州,高速公路里程 2020 年为 566 公里,相比 2013 年增长了 95.8%;第四名为绍兴,高速公路里程 2020 年为 535 公里,相比 2013 年增长了 27.5%;第五名台州,高速公路里程 2020 年 500 为 13,215 公里,相比 2013 年增长了 67.8%。

第六名衢州,高速公路里程 2020 年为 422 公里,相比 2013 年增长了 33%;第七名嘉兴,高速公路里程 2020 年为 419 公里,相比 2013 年增长了 7.1%;第八名丽水,高速公路里程 2020 年为 419 公里,相比 2013 年增长了 5.8%;第九名湖州,高速公路里程 2020 年为 418 公里,相比 2013 年增长了 44.6%;第十名金华,高速公路里程 2020 年为 408 公里,相比 2013 年增长了 31.7%。

第十一名为舟山,高速公路里程 2020 年为 42 公里,相比 2013 年增长了 30.7%。

高速公路发展的整体来看,从 2013 年到 2020 年,浙江省 11 地市的高速公路里程增幅较大变化,均呈现出一定的增长态势,其中温州增长幅度最大,台州、杭州、湖州的增长幅度也较大,而丽水增长幅度最小。

2. 网络基础设施

从年末移动用户数来看,浙江 11 地市的均呈现一定增长态势,具体见图 3 - 19。

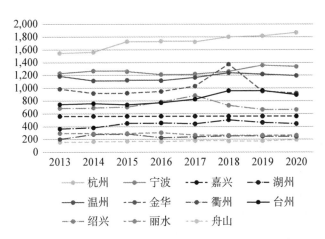

图 3 - 19　浙江省 11 地市 2013—2020 年年末移动用户数

其中,杭州年末移动用户数最多,2020 年为 1,869 万户,相比 2013 年增长了 20.8%;

宁波处于第二名,年末移动用户数 2020 年为 1,335 万户,相比 2013 年增长了 8.8%;第三名为温州,年末移动用户数 2020 年为 1,194 万户,相比 2013 年增长了 0.7%;第四名为金华,年末移动用户数 2020 年为 919 万户,相比 2013 年降低了 6.7%;第五名为台州,年末移动用户数 2020 年 896 万户,相比 2013 年增长了 20.2%。

第六名绍兴,年末移动用户数 2020 年为 664 万户,相比 2013 年减少了 3.2%;第七名嘉兴,年末移动用户数 2020 年为 561 万户,相比 2013 年基本持平;第八名湖州,年末移动用户数 2020 年为 445 万户,相比 2013 年增长了 21.4%;

第九名丽水,年末移动用户数 2020 年为 264 万户,相比 2013 年减少了 10.8%;第十名衢州,年末移动用户数 2020 年为 241 万户,相比 2013 年增长了 20%;第十一名为舟山,年末移动用户数 2020 年为 193 万户,相比 2013 年增长了 23.1%。

年末移动用户数整体来看,从 2013 年到 2020 年,浙江省 11 地市中舟山、杭州、湖州、台州、衢州呈现出较快增长态势,而绍兴、金华、丽水则出现减少。

从国际互联网用户数来看,浙江 11 地市的均呈现一定增长态势,具体见图 3-20。

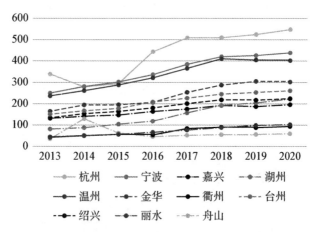

图 3-20 浙江省 11 地市 2013—2020 年国际互联网用户数

其中,杭州国际互联网用户数最多,2020 年为 548 万户,相比 2013 年增长了 61.7%;宁波处于第二名,国际互联网用户数 2020 年为 438 万户,相比 2013 年增长了 75.3%;第三名为温州,国际互联网用户数 2020 年为 402 万户,相比 2013 年增长了 69.6%。

第四名为金华,国际互联网用户数 2020 年为 302 万户,相比 2013 年增加了 82.9%;第五名为台州,国际互联网用户数 2020 年 261 万户,相比 2013 年增长了 72.7%。

第六名绍兴,国际互联网用户数 2020 年为 224 万户,相比 2013 年增加了 66.8%;第七名湖州,国际互联网用户数 2020 年为 222 万户,相比 2013 年增加了 173.5%;第八名嘉兴,国际互联网用户数 2020 年为 196 万户,相比 2013 年增长了 48.9%;

第九名丽水,国际互联网用户数 2020 年为 102 万户,相比 2013 年增加了 127%;第十名衢州,国际互联网用户数 2020 年为 93.76 万户,相比 2013 年增长了 117.8%;第十一名为舟山,国际互联网用户数 2020 年为 60 万户,相比 2013 年增长了 68.3%。

国际互联网用户数整体来看,从 2013 年到 2020 年,浙江省 11 地市中舟山、丽水、湖州、衢州呈现出较快增长态势,而嘉兴的增长幅度最小。

总体来看,浙江 11 地市经过多年的建设和发展,大力推进高速公路建设,高速公路路网非常发达,形成了较为完善的物流基础设施网络体系,国际互联网用户数大幅度增加,互联网发展基础非常好,为浙江省 11 地市物流业的发展提供了有力支撑。

第三节　浙江省物流业碳排放分析

国际能源署(IEA)2018 全球能源和二氧化碳报告指出,全球二氧化碳排放创历史最高,达 33.1Gt,其中三分之二的增长来自电力部门,单独将煤炭用于电力所产生的二氧化碳排放超过 10Gt,主要集中在亚洲,总体上,中国、印度和美国占据总净增长量的 85%。IPCC(政府间气候变化专业委员会)认为二氧化碳排放主要源于化石燃料的使用。2009 年,我国政府对外公布了 GDP 碳排放比 2005 年下降 40%—45%减排目标;2014 年,与美国发布联合声明,明确中国预计 2030 年碳排放达到峰值。作为世界第二大经济体、碳排放大国,能否承担起减排的责任,将影响未来的经济发展。

作为能源消耗的大户,物流业如何在"低碳"下保持行业经济增长,成为未来发展道路上的挑战。

一、物流业碳排放研究现状

对于运输部门二氧化碳排放的研究,包括系统最优法、投入产出法、计量经济模型和分解分析法。Odeck et al 使用并比较了误差修正模型与动态模型得出燃油使用效率的提升有助于减少燃料消耗与碳排放。Zhang et al 运用 STIRPAT 模型和 1995 年至 2010 年中国省级面板数据,研究了国家及地区物流业二氧化碳排放的影响因素,结果发现电气化与能源效率的提升对于降低 CO_2 排放是有效的,但经济发展和人口增长导致的需求增加使减排受到限制。此外,Aggarwal et al;Han et al;Tian et al 也运用计量经济模型对物流业碳排放进行了探索。Pan et al 运用系统最优化方法对法国公路、铁路的碳排放进行了测度,结果发现公路货运对二氧化碳排放的贡献显著。Kim et al 采用系统最优化方法,探究得出对于欧洲货运而言,便利的公路运输碳排放强度远高于铁路运输。在分解方法中,Ang et al 提出的 LMDI 分解方法能够很好地解决残差与零值的问题,因而得到较为广泛的应用。Achour et al 采用 LMDI 方法对突尼斯物流业碳排放的驱动因素进行分解,结果表明经济产出、运输强度、人口规模和运输结构对能源消耗的总体影响为正,而能源强度的总体影响为负。Li et al 基于 LMDI 方法对中国物流业碳排放进行了探究,发现经济增长是碳排放增加的主要因素,能源强度与人口规模因素贡献十分有限。Dai et al 运用 LMDI 方法分析了中国公路运输业碳排放的影响因素。此外,Kwon 运用分解法探究了 1970 至 2000 年英国汽车旅行产生的碳排放增长的决定因素;Roinioti et al 分解分析了希腊 2003 至 2013 年期间,伴随着经济衰退、能源消耗减少下碳排放的驱动因素。脱钩是分离经济发展与环境污染关系的过程,由 OECD(经合组织)提出,并在 2002 年被其视为指标。Tapio 提出的脱钩理论模型得到了较为广泛的应用。Loo et al 分析了构成世界主要经济的 15 个国家交通部门碳排放脱钩状态。Alises et al 分析了欧盟 9 个国家公路货运经济增长的脱钩关系及影响因素。Román-Collado et al 探究了拉丁美洲地区国家碳排放与经济增长的脱钩关系及主要驱动因素。Engo 运用 Tapio 脱钩模型和 LMDI 分解方法分析了喀麦隆物流业碳排放与经济增长的脱钩状态与影响因素,并提出了减排政策。

国内学者同样对碳排放与经济增长的脱钩关系进行了探索。田云,涂红星,徐盈之,王凯,周银香,谢守红等对我国农、工、制造、旅游、交通等行业的碳排放与经济增长的脱钩关系进行了测算分析。综合来看,国内学者大多将脱钩理论应用宏观的国家行业层面及省级层面,对于省级交通行业的分析相对较少。其次,在碳排放的核算方面,大多数学者采用 IPCC 提出的"自上而下"的计算方法,聚焦化石能源进行测算,二次能源物质(电力、热力)的碳排放视为零,不纳入计算范围,对于电力作为能源重要组成部分的物流业而言,这并不符合实际情况。齐绍洲提出了包含二次能源（电力、热力）在内的精准核算省级能源碳排放方法，并以湖北省为例进行测算分析，核算方法具有代表性。本文运用该省级碳排放精准核算方法，对浙江省物流业碳排放进行了核算，基于脱钩理论分析了浙江省物流业碳排放与经济增长的脱钩关系，通过 LMDI 分解得出背后的影响因素，为浙江省物流业节能减排工作提供了启示（Wang F，Xu H，2021）。

二、Tapio 脱钩理论模型

脱钩测度方法包括 OECD 脱钩指数测度方法和 Tapio 脱钩指数测度方法。Tapio 脱钩分析方法，引入了弹性方法，进一步优化了 OECD 脱钩指数，可分解多个中间变量，可进一步分析脱钩指标。同时，该方法降低了对于基期选择的敏感度，不受常见的统计量纲的影响，侧重对个体年份的分析，对于探寻脱钩更深层级的原因更有优势。其表达式为：

$$DE = \frac{(EP_{t-1} - EP_t)/EP_t}{(DF_{t-1} - DF_t)/DF_t} \qquad (3-1)$$

参照 Tapio 脱钩理论，构建浙江省物流业脱钩分析模型表达式如下：

$$DE_{CO2,GDPT} = \frac{\Delta CO_2/CO_2}{\Delta GDPT/GDPT} \qquad (3-2)$$

其中，$DE_{CO2,GDPT}$ 表示浙江省物流业碳排放的经济脱钩弹性，CO_2 为测算的物流业消耗能源物质总二氧化碳排放量，$GDPT$ 表示物流业增加值。

结合 Tapio 与构建的浙江省物流业脱钩分析模型,将脱钩值划分为八种状态,见表 3-1。

表 3-1　脱钩状态分类

状态		$\Delta CO_2/CO_2$	$\Delta GDPT/GDPT$	脱钩弹性
负脱钩	弱负脱钩	<0	<0	$0<DE_{CO2,GDPT}<0.8$
	负脱钩	>0	<0	$DE_{CO2,GDPT}<0$
	增长负脱钩	>0	>0	$DE_{CO2,GDPT}>1.2$
脱钩	衰退脱钩	<0	<0	$DE_{CO2,GDPT}>1.2$
	强脱钩	<0	>0	$DE_{CO2,GDPT}<0$
	弱脱钩	>0	>0	$0<DE_{CO2,GDPT}<0.8$
连接	衰退连接	<0	<0	$0.8<DE_{CO2,GDPT}<1.2$
	增长连接	>0	>0	$0.8<DE_{CO2,GDPT}<1.2$

三、物流业碳排放测算及数据处理

物流业消耗的能源包括煤炭、汽油、煤油、柴油、燃料油等化石能源,以及二次能源电力、少量的热力。由于我国官方统计部门未公布碳排放数据,查阅的现有文献对于碳排放的测算大多基于消耗的主要化石能源物质,对于二次能源电力、热力的计算各有取舍。电力消耗是物流业的重要一部分,为了提高测算的准确性,这里将电力、热力纳入考察范围。

物流业消耗的化石能源碳排放的计算,采用 IPCC 提出的"自上而下"计算方法,如下:

$$CO_2 = \sum_{\text{所有燃料}} 消费量_{燃料} \times 热值转换因子 \times 碳含量 \times 氧化因子 \times \frac{44}{12}$$

$$(3-3)$$

其中 CO_2 表示二氧化碳碳排放量,相关计算系数见表 3-2。

表 3-2 相关计算系数

项目	单位热值含碳量	碳氧化率	低位热值	排放因子
	kgC/GJ	%	kcal/kg 或 kcal/m³	kgCO2/kg 或 kgCO2/m³
原煤	26.4	94	5,000	1.902,7
汽油	18.9	98	10,300	2.982,7
煤油	19.6	98	10,300	3.037,2
柴油	20.2	98	10,200	3.099,8
燃料油	21.1	98	10,000	3.174,4
液化石油气	17.2	98	12,000	3.105,2
天然气	15.3	99	9,310	2.164,9

注:各系数参考《省级温室气体清单编制指南》《2006 年 IPCC 国家温室气体排放清单指南》和《中国能源统计年鉴》。

对于省级二次能源(电力、热力)碳排放因子的测算,参照齐绍洲等提出的省级二次能源碳排放因子计算方法,将电力热、力生产过程中生产端与消费端的责任进行切割从而进行碳排放核算,体现了"生产""消费"共担原则。计算的浙江省电力、热力相关系数见表 3-3。

依据上述方法及相关系数,分别计算浙江省物流业 2004—2017 年碳排放量,数据来源《中国能源统计年鉴》《中国统计年鉴》、浙江省统计局。

表 3 - 3 浙江省电力、热力相关系数

年份	电力热值当量 kgce/10⁴ kWh	电力生产端 承担比率	电力碳排放系数 tCO2/10⁴ kWh	热力热值当量 kgce/MJ	热力生产端 承担比率	热力碳排放系数 tCO2/10⁶ kJ
2004	0.336,8	0.635,1	5.925,5	0.063,1	0.460,0	0.167,4
2005	0.343,6	0.642,3	6.016,1	0.038,9	0.122,5	0.102,4
2006	0.330,1	0.627,7	6.383,8	0.038,8	0.122,0	0.104,1
2007	0.322,5	0.618,9	6.746,9	0.038,7	0.117,8	0.100,1
2008	0.312,3	0.606,5	6.283,0	0.038,5	0.114,8	0.098,6
2009	0.305,6	0.597,8	6.167,1	0.037,9	0.099,9	0.095,4
2010	0.300,9	0.591,5	5.930,8	0.038,0	0.103,2	0.100,2
2011	0.297,6	0.587,0	5.916,8	0.037,1	0.080,0	0.091,4
2012	0.293,3	0.581,0	5.488,5	0.036,9	0.075,3	0.089,8
2013	0.282,2	0.564,4	5.144,8	0.037,2	0.083,4	0.089,7
2014	0.279,8	0.560,7	4.877,0	0.038,0	0.101,9	0.089,6
2015	0.277,6	0.557,2	4.654,9	0.037,3	0.086,9	0.088,6
2016	0.276,4	0.555,4	4.476,4	0.036,8	0.074,3	0.088,5
2017	0.278,1	0.558,1	4.485,3	0.037,8	0.097,2	0.090,7

四、浙江省物流业碳排放的脱钩指数分析

应用 Tapio 脱钩理论模型,结合上述交通碳排放数据与物流业增加值数据(以 2004 年为基期进行计算比较得到,数据来自于浙江省统计局),计算得 2004—2017 年浙江省物流业碳排放的经济脱钩弹性结果如表 3-4,变动趋势如图 3-20。

表 3-4   2004—2017 年浙江省物流业碳排放的经济脱钩弹性结果

年份	$\Delta CO_2/CO_2$	$\Delta GDPT/GDPT$	$DE_{CO2,GDPT}$	状态
2004	—	—	—	—
2005	0.155	0.133	1.167	增长连接
2006	0.147	0.168	0.876	增长连接
2007	0.109	0.141	0.776	弱脱钩
2008	0.085	0.090	0.941	增长连接
2009	0.030	0.040	0.756	弱脱钩
2010	0.083	0.140	0.596	弱脱钩
2011	0.088	0.099	0.891	增长连接
2012	0.047	0.067	0.705	弱脱钩
2013	0.048	0.075	0.636	弱脱钩
2014	0.019	0.086	0.226	弱脱钩
2015	0.062	0.082	0.760	弱脱钩
2016	0.007	0.070	0.096	弱脱钩
2017	0.041	0.075	0.548	弱脱钩

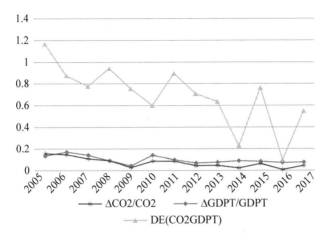

图 3‑20 2004—2017 年浙江省物流业碳排放经济脱钩弹性变动趋势

2004—2017 年间,浙江省物流业脱钩弹性指数呈波动式下降,其中物流业行业增加值变化的百分数同样呈波动式下降且趋势有所减缓,碳排放变化百分数走势与行业增加值变动几近相同,绝大部分落在行业增加值变动数值之下。

期间,浙江省物流业脱钩指数表现形式有增长连接、弱脱钩两种,其中,增长连接年份共计 4 个,占比总研究年份 0.31,剩余年份皆为弱脱钩,占比总研究年份 0.69。依据脱钩指数变化结合年份可将浙江省物流业脱钩表现划分为 3 个阶段,2005—2008 年整体表现为增长连接,中间存在短期的弱脱钩,物流业经济增长与碳排放增加并行,碳排放增长大于或接近经济增长。2009—2011 年整体变现为弱脱钩,中间出现短期增长连接,碳排放与经济同时实现增长,碳排放增加速度小于经济增长速度。2012—2017 年全面实现弱脱钩。

五、浙江物流业碳排放影响因素的 LMDI 分解

1. LMDI 分解

Kaya 模型由 Yoichi Kaya 于 1989 年提出,由于其结构简单且易于理解,因此被广泛用于研究能源经济和环境的影响因素。结合浙江省物流业实际分析情况将上述公式拓展为:

$$CO_2 = \sum_{i=1}^{7} \frac{CO_{2,i}}{E_i} \times \frac{E_i}{E} \times \frac{E}{GDP} \times \frac{GDP}{P} \times P \quad (3-5)$$

$$CO_2 = \sum_{i=1}^{7} ef_i \times es_i \times eg \times gp \times p \quad (3-6)$$

其中,CO_2 表示总二氧化碳排放量,$CO_{2,i}$ 为第 i 种能源产生的碳排放量,E_i 表示第 i 种能源消耗量(折算标准煤后),E 为能源消耗总量(折算标准煤后),GDP 表示物流业生产总值,P 为常住人口数;ef 表示能源排放强度效应,es 为能源结构效应,eg 表示能源利用效应、gp 代指行业规模效应,p 为人口规模效应。

在拓展的公式(3-6)基础上进行 LMDI 分解,有关 LMDI 分解模型具体公式如下:

$$V = \sum_i V_i = \sum_i x_{1,i} x_{2,i} \cdots x_{n,i}$$

$$V^0 = \sum_i x_{1,i}^0 x_{2,i}^0 \cdots x_{n,i}^0$$

$$V^T = \sum_i x_{1,i}^T x_{2,i}^T \cdots x_{n,i}^T$$

$$\Delta V_{tot} = V^T - V^0 = \Delta V_{X1} + \Delta V_{X2} + \cdots + \Delta V_{Xn}$$

$$\Delta V_{Xk} = \sum_i L(V_i^T, V_i^0) \ln\left(\frac{x_{k,i}^T}{x_{k,i}^0}\right) = \sum_i \frac{V_i^T - V_i^0}{\ln V_i^T - V_i^0} \ln\left(\frac{x_{k,i}^T}{x_{k,i}^0}\right)$$

其中 V 为与能源相关的一个总量，Vi 为构成总量 V 的变量，$x_{1,i}x_{2,i}\cdots x_{n,i}$ 为影响 Vi 的 n 个变量。V^0 为基期总量，V^T 为 T 期总量，D_{tot} 为 T 期与基期的比值，即基期至 T 期总量 V 的指数（基期为 1），ΔV_{tot} 为总的变化量，D_{x_k} 为 K 变量对指数 D_{tot} 的贡献率，大于 1 则 K 因素对总体增长有促进作用，小于则有抑制作用，等于 1 则无贡献，ΔV_{Xk} 为 K 变量对总体的贡献量。

基于 LMDI 方法对浙江省物流业碳排放进行 LMDI 分解，结果如下：

$$\Delta CO_2 = \Delta CO_{2,ef} + \Delta CO_{2,es} + \Delta CO_{2,eg} + \Delta CO_{2,gp} + \Delta CO_{2,p}$$

$$\Delta CO_{2,ef} = \sum_{i=1}^{7} L(CO_{2,i}^T, CO_{2,i}^0) ln \frac{ef_i^T}{ef_i^0}$$

$$= \sum_{i=1}^{7} \frac{CO_{2,i}^T - CO_{2,i}^0}{ln\, CO_{2,i}^T - ln\, CO_{2,i}^0} ln \frac{ef_i^T}{ef_i^0}$$

$$\Delta CO_{2,es} = \sum_{i=1}^{7} L(CO_{2,i}^T, CO_{2,i}^0) ln \frac{es_i^T}{es_i^0}$$

$$= \sum_{i=1}^{7} \frac{CO_{2,i}^T - CO_{2,i}^0}{ln\, CO_{2,i}^T - ln\, CO_{2,i}^0} ln \frac{es_i^T}{es_i^0}$$

$$\Delta CO_{2,eg} = \sum_{i=1}^{7} L(CO_{2,i}^T, CO_{2,i}^0) ln \frac{eg^T}{eg^0}$$

$$= \sum_{i=1}^{7} \frac{CO_{2,i}^T - CO_{2,i}^0}{ln\, CO_{2,i}^T - ln\, CO_{2,i}^0} ln \frac{eg^T}{eg^0}$$

$$\Delta CO_{2,gp} = \sum_{i=1}^{7} L(CO_{2,i}^T, CO_{2,i}^0) ln \frac{gp^T}{gp^0}$$

$$= \sum_{i=1}^{7} \frac{CO_{2,i}^T - CO_{2,i}^0}{ln\, CO_{2,i}^T - ln\, CO_{2,i}^0} ln \frac{gp^T}{gp^0}$$

$$\Delta CO_{2,p} = \sum_{i=1}^{7} L(CO_{2,i}^T, CO_{2,i}^0) ln \frac{p^T}{p^0}$$

$$= \sum_{i=1}^{7} \frac{CO_{2,i}^T - CO_{2,i}^0}{ln\ CO_{2,i}^T - ln\ CO_{2,i}^0} ln \frac{p^T}{p^0}$$

2. 分解结果

依据公式对浙江物流业 2004—2017 年能源排放强度效应(ef)、能源结构效应(es)、能源利用效应(eg)、行业规模效应(gp)及人口规模效应(p)等因素进行分解,各因素分解后对行业碳排放的贡献值见表 3 - 5。各因素贡献值走势变化如图 3 - 21。

表 3 - 5 碳排放贡献值

年份	排放量变化(万吨)					
	ef	es	eg	gp	p	合计
2004—2005	−0.70	22.74	15.65	154.40	18.43	210.53
2005—2006	3.89	1.24	−34.48	227.28	26.20	224.13
2006—2007	4.18	−1.05	−54.71	212.18	29.86	190.46
2007—2008	−0.31	3.09	−12.64	151.91	22.34	164.39
2008—2009	1.23	−7.22	−14.13	58.37	25.63	63.88
2009—2010	−0.47	−13.74	−99.31	222.66	71.82	180.96
2010—2011	1.69	−11.29	−16.54	222.66	7.39	203.90
2011—2012	−3.87	−0.51	−44.05	163.71	6.68	121.96
2012—2013	1.08	−10.65	−60.58	186.15	10.46	126.46
2013—2014	−3.43	−12.79	−162.63	227.71	5.13	54.00
2014—2015	−3.09	−8.46	−42.42	215.53	16.50	178.06
2015—2016	−3.50	−38.00	−143.14	177.94	27.83	21.12
2016—2017	−1.28	−20.97	−77.35	187.64	37.05	125.10
2004—2017	−4.60	−97.61	−746.33	2,408.15	305.34	1,864.95

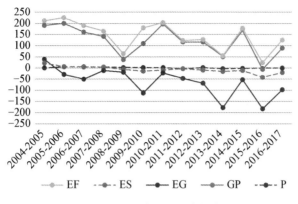

图 3-21　各因素贡献值走势变化

依据计算分解结果,2004—2017 年浙江省物流业碳排放逐年增加,累计达 1,864.95 万吨。其中行业规模效应、人口规模效应的贡献值为正,分别为 2,408.15 万吨、305.34 万吨,能源碳排放强度效应、能源结构效应、能源利用效应贡献值整体变现为负,分别为 -4.60 万吨、-97.64 万吨、-746.33 万吨。

行业规模效应、人口规模效应是浙江省物流业碳排放不断上升的主要原因,这是由于浙江省物流业快速发展,能源消耗增加,同时人口规模的不断上升带动了物流业的刚性需求。2004—2017 年浙江省物流业碳排放增长了 1.42 倍,行业增加值增长了 2.32 倍,两者长期走势较为接近,这也是浙江省物流业脱钩状态长期保持"弱脱钩"的一大原因。

能源利用效应仅 2004—2017 年为正效应,其余年份均为负效应,反映了浙江省物流业的能源利用效率较好,能源节能技术的先进是拉动行业减排的关键。能源结构效应先后出现小幅正负交替,而后稳定表现为负效应,表明浙江省物流业能源结构在进行不断调整、优化,这对行业未来减排起到了积极作用。能源碳排放强度效应同样阶段正负交替,随后表现趋于负,该效应取决于能源种类碳排放因子变化,这里体现为浙江省物流业二次能源(电力、热力)碳排放因子,以及消费端承担比例得到了改善,进一步从侧面反映出其节能技术的进步。

六、浙江物流碳排放结论

本文考虑二次能源(电力、热力)对浙江省物流业碳排放进行了测算,基于脱钩理论分析了浙江省物流业 2004—2017 年碳排放与经济增长的脱钩表现,并建立了碳排放 LMDI 分解模型,进一步得出浙江省物流业碳排放不同程度受制于行业规模、人口、能源利用、能源结构与能源碳排放强度等效应。主要结论及政策如下:

1. 浙江省物流业碳排放与经济增长的脱钩表现为增长连接和弱脱钩,经过阶段性交替后实现稳定的弱脱钩,碳排放增长小于行业经济增长。要实现浙江省物流业碳排放与经济增长强脱钩,须建立行业碳排放动态监测,及时发现问题并进行调整,同时制定与完善行业节能减排法规制度,为实现行业减排目标提供依据。

2. 碳排放 LMDI 分解表现为正的因素中,行业规模效应表最为显著,人口规模效应其次。浙江省物流业规模扩大的同时应更加注重运输结构的优化,鼓励发展新能源汽车,完善基础设施建设,构建高效的综合运输体系,提高智能化水平,倡导绿色出行。

3. 能源碳排放强度、能源结构及能源利用等负效应为未来的减排提供了启示。其中能源结构效应表现最为突出,因而应不断优化能源结构,摒弃煤炭等高碳排放能源的使用,加大对生物质能、太阳能等低碳或无碳能源的开发使用。加大能源行业节能技术的资金投入,鼓励技术创新、学习并落实先进技术,实现能源利用、能源转换率的提升。最终实现浙江省物流业与经济增长的强脱钩。

第四章

基于复合系统论的浙江 11 地市区域物流协同发展评价及时空差异分析

本章构建区域物流协同发展的评价指标,采用熵权法确定评价权重,应用耦合协同度模型对浙江省 11 地市区域物流协同发展进行评价,并对空间差异进行了分析。

第一节 浙江 11 地市区域物流协同发展评价模型构建

区域物流的协同是指物流协同内各要素相互耦合,相互协作,产生运动方向的高度一致性,进而产生协同,其表现为多个子系统在时空或功能上的有序结合的过程。根据协同学原理,如果区域物流协同发展将产生"1+1>2"的整体协同效应,进而带动地方产业经济快速增长。本节构建区域物流协同评价指标体系。

区域物流系统内的各种要素发展的协同程度,决定系统本身的整体效率,而系统效率直接受到内部序参量之间的协同水平、协同程度的影响,对协同状况和层次的分析,评价系统内部协调情况,以及各子要素之间的相互影响状况,需要通过选择科学合理的评价指标,运用一定的数学方法建立评价模型,对系统内主体之间合作的情况、功能合作的情况、内部沟通协调的情况以及相互影响等情况进行客观反映。

一、区域物流协同评价指标体系构建

1. 指标体系构建原则

构建区域物流协同评价指标体系时,应该考虑系统性、可操作性、可适用性、全面性等原则,以便进行实际应用。

(1)系统性原则

指标体系应该具有系统性,包括区域物流系统下的各个具体子系统,如区域物流发展的支撑子系统、区域物流的供给子系统和需求子系统,形成一个完整的评价体系。必须抓住重要的视角,选取关键的序参量。

(2)可操作性原则

构建区域物流协同评价指标体系时,应该具有可操作性,即指标应该是可量化、可测量的,数据便于收集,能够进行实际操作和管理。

(3)可适应性原则

指标体系应该具有可适应性,即能够适应不同地区区域物流评价的特点和需求,以便进行实际操作和应用。

(4)全面性原则

设计区域物流协同评价指标体系时,必须考虑全面性,包括经济、社会、环境等多个方面,不能只从单一角度考虑。

2. 区域物流协同评价指标

指标体系的构建对于得到较真实的评价结果是十分重要的。对于衡量区域物流的指标较多,而且指标涉及物流生产过程的不同领域,协同发展评价过程将会过于复杂,所以需要针对区域物流在相应领域构建适合的评价指标体系。按照指标的科学性、时效性、可得性等要求,能反映区域物流系统全况,构建一套完整的区域物流协同度评价模型体系。在从区域物流协同发展评价的一般性要求出发,在前人研究成果基础上,将该体系进一步划分 3 个子系统,如表 4-1 所示。

表 4-1　区域物流协同发展评价指标

子系统	序参量	指标性质
区域物流支撑子系统	公路里程(km)	+
	高速公路里程(km)	+
	年末移动电话用户数(万户)	+
	国际互联网用户数(万人)	+
区域物流供给子系统	货物周转量(亿吨公里)	+
	货运量(万吨)	+
区域物流需求子系统	生产产值(亿元)	+
	人均生产总值(元)	+
	社会消费品零售总额(亿元)	+
	进出口总额(万美元)	+
	第三产业增加值(亿元)	+

1. 区域物流支撑子系统指标

区域物流支撑子系统包括区域物流基础能力和信息网络服务能力。

区域物流基础能力的协同水平是判断区域物流支撑子系统协同水平核心要素。区域物流基础能力是指一个区域内物流基础设施的建设和运营水平,交通运输基础设施包括道路、铁路、水路、航空等交通运输设施的建设和运营,以及交通运输网络的完善程度;物流园区建设,包括物流园区的规划、设计、建设和管理,以及物流园区内的仓储设施、配送中心、信息中心等物流设施的建设和运营;信息化建设,包括物流信息系统的建设和运营,以及物流信息的采集、处理、传输和管理等。

区域物流的基础能力包括公路、铁路、邮政网络等相关内容，不过内河航道相对于以上几方面内容来说，有一定的特殊性，一般情况下不会增加里程数。而传统邮政物流在现代快递网点、物流产业的发展过程中深受影响，邮政网点数量呈现出逐年下降的趋势，同时公路里程和铁路里程内部关联性比较强，这种情况之下，可以选用公路里程作为支撑子系统的指标。

信息网络服务能力中，通信能力和信息网络发展水平之间有着直接的正向相关关系。而物流行业的发展水平也同样和信息服务水平之间有着正向相关关系。随着信息技术的不断进步和普及，物流行业也在不断地向信息化、智能化方向发展，物流企业通过建设物流信息系统、物流云平台等手段，实现了物流信息的实时采集、处理、传输和管理，提高了物流运作的效率和精度，降低了物流成本，物流行业也在不断地创新和变革，通过物流配送网络的优化、智能化配送等方式，提高了物流服务的质量和效率。随着固定电话被移动电话所取代，在本文研究中选择互联网数量、移动电话年末用户数作为评价指标。

2. 区域物流供给子系统指标

区域物流供给子系统是指区域在一定时期内提供的物流服务能力的结果。这个能力包括物流基础设施、物流人才、物流企业、物流服务等方面。

物流企业是区域物流供给服务的主体。物流企业包括物流服务企业、物流运输企业、物流仓储企业等。物流服务企业是提供物流服务的主要企业形式，包括物流代理、物流咨询、物流配送等。物流运输企业是提供物流运输服务的企业形式，包括物流运输公司、物流运输代理公司等。物流仓储企业是提供物流仓储服务的企业形式，包括仓储公司、储备库等。

物流服务是区域物流供给能力的最终体现。物流服务包括物流配送、物流仓储、物流信息等。物流配送是物流服务的核心,包括物流配送网络的建设、物流配送效率的提高等。物流仓储是物流服务的重要环节,包括仓储管理、仓储设施的建设等。物流信息是物流服务的重要保障,包括物流信息系统的建设、物流信息的采集和处理等。

区域物流供给子系统是一个复杂的系统工程,需要各方面的力量共同推动。评价区域物流供给子系统的协同程度的指标主要包括区域物流的供给能力,根据数据可得性,用货物周转量和货运周转量这两个指标即可,而反映物流企业素质的指标如 3A 级物流企业数量指标由于数据不全,最终未放入。

3. 区域物流需求子系统指标

消费需求、生产需求和流通需求确实是区域物流需求的最根本的要素,它们对区域物流供给的质量和效率都有着非常重要的影响。消费需求是指消费者对商品和服务的需求,是区域物流供给的最终目标。消费需求的大小和结构,直接影响着区域物流的品种、数量、质量和服务水平。如果消费需求量大、品种多,那么区域物流供给就需要提供更多、更好的物流服务。生产需求是指生产者对原材料、零部件、设备等生产要素的需求。生产需求的大小和结构,直接影响着区域物流的物流配送、仓储、运输等环节。如果生产需求量大、品种多,那么区域物流供给就需要提供更多、更好的物流服务。流通需求是指商品在生产和消费过程中的流通需求,包括采购、销售、配送、仓储等环节。流通需求的大小和结构,直接影响着区域物流的物流网络、物流服务水平等方面。如果流通需求量大、流通环节多,那么区域物流供给就需要提供更多、更好的物流服务。

因此,需要根据以上三种需求的评价和衡量做出一套完整的指标。在本文研究中用工业总产值和农业总产值对生产需求进行评价,而消费需求则以第三产业增加值作为评价指标,流通需求的评价则采用进出口总额和社会消费品零售总额进行分析。

二、区域物流协同评价模型

区域物流系统协同度模型区域物流协同是系统内各子系统要素之间在发展、演化过程中相互协调、相互支撑和一致化的程度。协同程度越高,则证明系统之间的相关要素之间有越出色的配合,对于系统目标的实现有着直接的促进作用;反之,区域物流系统快速有序发展的阻力越大,则越不利于系统目标的实现。

根据协同学的序参量原理,由 M 个子系统组成的复合系统的协同度

$$S = f(S_1, S_2, \ldots S_M) \tag{4-1}$$

其中子系统 S_j,$j \in [1, M]$,第 j 个子系统包含 n 个序参量,序参量集合为 $u = \{u_{j1}, u_{j2}, \ldots, u_{jn}\}$,其中,$n \geqslant 1$,$\alpha_i \leqslant u_{ji} \leqslant \beta_i$,$i \in [1, n]$;$\alpha$ 和 β 为系统稳定临界点上序参量的上、下限,其中序参量的值正向对系统影响时,值越大,对系统的贡献越大。

1. 序参量有序度

$C_{ji}(t)$ 为子系统 S_j 的第 i 个序参量 u_{ji} 在 t 时的有序度,计算公式如下:

$$C_{ji}(t) = \begin{cases} \dfrac{u_{ji}(t) - \alpha_{ji}}{\beta_{ji} - \alpha_{ji}}, & i \in [1, P_i] \\[2mm] \dfrac{\beta_{ji} - u_{ji}(t)}{\beta_{ji} - \alpha_{ji}}, & i \in [P_i + 1, n] \end{cases} \tag{4-2}$$

α_{ji} 与 β_{ji} 分别是序参量 $C_{ji}(t)$ 的临界下限值与上限值。并假定前 P 个序参量为正向序参量,其取值越大,有序度越高;后 $N-P$ 个

序参量为负向序参量,其取值越大,有序程度越低。

2. 子系统有序度

子系统的有序程度反映了各子系统内部的有序程度,子系统有序度越高,就表示该子系统的有序程度越高,对系统有序的贡献越大。本文采用线性加权法计算子系统 S_j 在 t 时的有序度为 $D_j(t)$

$$D_j(t) = \sum_{i=1}^{n} \omega_{ji} C_{ji}(t) \qquad (4-3)$$

ω_{ji} 是序参量 $C_{ji}(t)$ 子系统 S_j 中的权重,且 $\sum_{i=1}^{n} \omega_{ji} = 1$

本文采用基于时间序列的改进的熵值法来确定序参量在子系统中对有序度的贡献程度,具体方法如下:

首先,确定第 θ 年第 ρ 个市的第 j 个子系统中第 i 个序参量 e_{ji} 的概率分布

$$P_{\theta\rho ji} = \frac{u_{\theta\rho ji}}{\sum\limits_{\theta=1}^{R} \sum\limits_{\rho=1}^{D} u_{\theta\rho ji}} \qquad (4-4)$$

$u_{\theta\rho ji}$ 表示第 θ 年第 ρ 个市的序参量 e_{ji} 的有序度,$j \in [1, M]$,$i \in [1, n]$,$\theta \in [1, R]$,$\rho \in [1, D]$,

第 j 个子系统 S_j 第 i 个序参量的熵值为

$$H_{ji} = -k \sum_{\theta=1}^{R} \sum_{\rho=1}^{D} P_{\theta\rho ji} \ln(P_{\theta\rho ji}) ,其中 k = \ln(RD)^{-1}$$

得到序参量 e_{ji} 的熵权重为 $\omega_{ji} = \dfrac{1 - Hji}{\sum\limits_{i=1}^{n} (1 - Hji)}$

3. 系统协同度

系统综合发展水平 $U = \sum\limits_{j=1}^{M} \omega_j D_j(t)$

U 表示物流支撑子系统、物流供给子系统、物流需求子系统 3 个子系统的综合协调指数。

与系统内各子系统的有序度有关,等于各个子系统有序度的集合,与系统内各子系统的有序度有关,等于各个子系统有序度的集合。本文将区域物流的协同度定义为各个子系统有序度的按权重的几何平均数

$$D = \sqrt[M]{\prod_{j=1}^{M} \omega_j D_j(t)} \qquad (4-5)$$

其中,$\sum_{j=1}^{M} \omega_j = 1$,子系统权重系数重 ω_j 计算过程同 ω_{ji}

$D \in [0,1]$,系统协同度越大,表示物流系统协同发展的程度越高,反之则越低。且只有当所有子系统的有序度均提高时,整个系统才能表现为协同发展状态。

根据部分相关学者的研究,将系统协同度评判表分成四类,具体见表 4-2。

表 4-2　系统协同度评判

协同度取值	0—0.3	0.3—0.5	0.5—0.8	0.8—1
系统协同度	低度协同	中度协同	高度协同	极度协同

第二节　浙江 11 地市区域物流子系统有序度分析

由于 2013 年开始对货运周转量数据统计口径进行调整,结合数据可得性,本文选取 2013—2020 年期间浙江 11 个地市的区域物流

协同度进行计算和研究,数据均来源于浙江省各城市统计年鉴,数据真实性和有效性可以保证。

一、指标权重计算

根据协同度计算模型,计算得到指标权重如下表 4‐3 所示。

表 4‐3　权重计算结果

子系统	子系统权重	序参量权重
区域物流支撑子系统	0.345	0.255
		0.256
		0.244
		0.246
区域物流供给子系统	0.320	0.532
		0.468
区域物流需求子系统	0.335	0.198
		0.210
		0.201
		0.196
		0.195

根据计算得到的权重和序参量的数据,计算得到 11 地市 2013—2020 年区域物流支撑子系统、区域物流供给子系统和区域物流需求子系统的有序度值,具体见表。

二、11 地市区域物流支撑子系统有序度分析

11 地市 2013 年到 2020 年的有序度值处于增加态势,见图 4-1,全省从 2013 年的 0.371 增加到 2020 年的 0.495,有序度值处于中等水平,但增幅为 33.42%,年均增幅为 4.18%。其中温州增加幅度最大,从 0.430 增加到 0.718,增幅达到 66.97%,年均增幅为 8.37%,远高于全省平均水平。追溯指标发现,物流业支撑子系统有序度不断提升,是子系统内各项因素全面提升的结果,特别是高速公路里程、国际互联网用户数、年末移动电话用户数等三项指标提升显著。物流业支撑子系统有序度不断提升,也表明了物流业对国民经济发展的重要性,也显示了政府促进物流业长期发展的决心和力度。

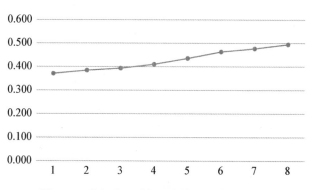

图 4-1　浙江省区域物流支撑子系统有序度值

从 11 地市区域物流支撑子系统有序度值的情况(表 4-4)来分析,杭州处于遥遥领先水平,杭州有序度值最大,平均值达到 0.850,2020 年最高值达到 0.990,相比 2013 年增长 32.7%,年均增长 4.09%;

表 4-4 区域物流支撑子系统有序度值

时间	杭州	宁波	嘉兴	湖州	绍兴	舟山	温州	金华	衢州	台州	丽水
2013	0.746	0.557	0.324	0.243	0.382	0.001	0.430	0.441	0.206	0.394	0.357
2014	0.732	0.580	0.338	0.237	0.394	0.050	0.436	0.464	0.223	0.410	0.364
2015	0.777	0.591	0.340	0.256	0.402	0.020	0.454	0.468	0.229	0.416	0.373
2016	0.856	0.578	0.349	0.265	0.423	0.011	0.469	0.478	0.256	0.436	0.390
2017	0.888	0.631	0.358	0.296	0.455	0.016	0.499	0.524	0.273	0.456	0.392
2018	0.900	0.673	0.380	0.323	0.442	0.016	0.560	0.591	0.278	0.536	0.396
2019	0.912	0.691	0.385	0.338	0.433	0.017	0.702	0.541	0.278	0.542	0.404
2020	0.990	0.694	0.388	0.362	0.470	0.022	0.718	0.548	0.282	0.556	0.408
平均值	0.850	0.624	0.358	0.290	0.425	0.019	0.534	0.507	0.253	0.468	0.386

宁波有序度值排第二,平均值为 0.624,2013 年到 2020 年从 0.557 增长到 0.694,增长 24.6%,年均增长 3.51%。

温州、金华、台州、绍兴排在第二梯队。温州有序度平均值为 0.534,2020 年年值达到 0.718,超过宁波 0.694,相比 2013 年增长 67%,年均增长 9.56%;金华平均值为 0.507,台州平均值为 0.468,绍兴平均值为 0.425。

丽水、嘉兴、湖州、衢州排在第三梯队,有序度值在 0.2—0.4 之间,舟山排在最末。

选取指标时,由于数据可得性,未考虑航运物流相关的指标,例如航道长度指标、码头泊位指标,使得宁波、舟山的支撑子系统有序度指标值偏低。

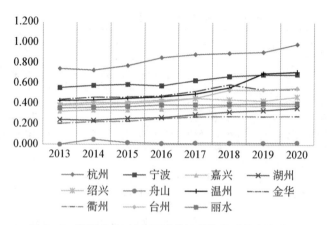

图 4-2 浙江省 11 地市区域物流供给子系统有序度值

三、11 地市区域物流供给子系统有序度分析

11 地市 2013 年到 2020 年区域物流供给子系统的有序度值均在增加,如图 4-3 所示,全省从 2013 年的 0.164 增加到 2020 年的 0.293,有序度整体值不高,其中宁波增加幅度最大,从 0.485 增加到 0.990。

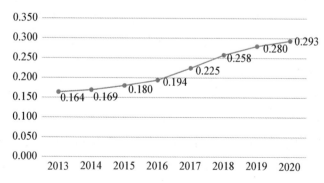

图 4-3 浙江省区域物流供给子系统有序度平均值

表 4-5 为 11 地市区域物流供给子系统有序度值。

宁波、舟山排在第一梯队,宁波有序度值最大,平均值达到 0.693,2020 年最高值达到 0.990;舟山有序度值排第二,平均值为 0.529。

台州、杭州排在第二梯队,台州有序度平均值为 0.340,杭州平均值为 0.283。

嘉兴、温州排在第三梯队,有序度值在 0.1—0.2 之间,绍兴、金华、衢州、丽水排在第四梯队,有序度值在 0.1 以下。

选取指标时,由于数据可得性,选取了货运量和货运周转量两个指标,未考虑物流企业竞争力相关的指标,例如 A 级物流企业的数量,由于宁波、舟山是浙江的重要对外港口,港口中转吞吐量大,使得宁波、舟山的供给子系统有序度指标值偏高。

四、11 地市区域物流需求子系统有序度分析

11 地市 2013 年到 2020 年的有序度值均在增加,浙江省从 2013 年的 0.198 增加到 2020 年的 0.393,具体见图 4-4,需求子系统值整体处于较低水平。其中杭州增加幅度最大,从 0.512 增加到 0.878。

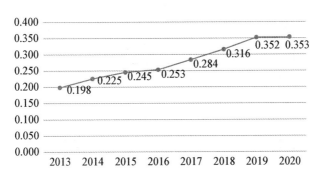

图 4-4　浙江省区域物流需求子系统有序度平均值

表 4 - 5 区域物流供给子系统有序度值

时间	杭州	宁波	嘉兴	湖州	绍兴	舟山	温州	金华	衢州	台州	丽水	全省平均值
2013	0.251	0.485	0.118	0.110	0.048	0.349	0.114	0.020	0.034	0.269	0.002	0.164
2014	0.238	0.505	0.127	0.076	0.059	0.387	0.113	0.026	0.040	0.280	0.006	0.169
2015	0.239	0.531	0.130	0.080	0.066	0.434	0.124	0.029	0.040	0.300	0.007	0.180
2016	0.247	0.578	0.146	0.088	0.068	0.494	0.106	0.035	0.049	0.319	0.006	0.194
2017	0.289	0.674	0.164	0.108	0.076	0.557	0.119	0.035	0.061	0.380	0.008	0.225
2018	0.294	0.843	0.181	0.125	0.082	0.650	0.137	0.045	0.077	0.392	0.009	0.258
2019	0.304	0.941	0.193	0.144	0.093	0.708	0.148	0.054	0.080	0.403	0.011	0.280
2020	0.399	0.990	0.217	0.134	0.115	0.653	0.166	0.097	0.067	0.377	0.012	0.293
平均值	0.283	0.693	0.159	0.108	0.076	0.529	0.128	0.043	0.056	0.340	0.008	

表 4-6 为 11 地市区域物流需求子系统有序度值。

表 4-6　浙江省 11 地市区域物流需求子系统有序度值

时间	杭州	宁波	嘉兴	湖州	绍兴	舟山	温州	金华	衢州	台州	丽水
2013	0.512	0.499	0.212	0.094	0.234	0.120	0.176	0.171	0.016	0.142	0.005
2014	0.582	0.542	0.235	0.117	0.261	0.139	0.201	0.203	0.025	0.161	0.013
2015	0.640	0.569	0.248	0.133	0.272	0.155	0.224	0.232	0.029	0.176	0.020
2016	0.665	0.540	0.231	0.138	0.273	0.150	0.245	0.237	0.058	0.197	0.051
2017	0.740	0.624	0.273	0.158	0.300	0.149	0.264	0.257	0.069	0.234	0.057
2018	0.780	0.690	0.314	0.184	0.327	0.175	0.303	0.281	0.084	0.267	0.074
2019	0.881	0.750	0.343	0.217	0.361	0.188	0.342	0.330	0.096	0.283	0.085
2020	0.878	0.756	0.334	0.211	0.369	0.218	0.347	0.318	0.099	0.280	0.078
平均值	0.710	0.621	0.274	0.156	0.300	0.162	0.263	0.254	0.060	0.217	0.048

杭州、宁波排在第一梯队,杭州需求子系统有序度值最大,平均值达到 0.710,2019 年最高值达到 0.881;宁波有序度值排第二,平均值为 0.621。

绍兴、金华、嘉兴、温州、台州排在第二梯队,平均值在 0.2—0.3 之间,绍兴有序度平均值为 0.3,嘉兴为 0.274,温州为 0.263,金华为 0.254,台州 0.217。

舟山、湖州排在第三梯队,有序度平均值在 0.1—0.2 之间,衢州、丽水排在第四梯队,平均值在 0.1 以下。

第三节　浙江 11 地市区域物流系统协同度与分异评价

一、浙江 11 地市区域物流系统综合发展评价分析

根据第一节中综合发展水平的计算公式,得到各地级市的区域物流系统综合发展水平的评价结果,具体见表 4-7。

杭州、宁波的物流综合发展水平排在第一梯队,宁波物流系统综合发展水平平均值最大,平均值达到 0.645,2020 年最高值达到 0.809;杭州物流系统综合发展水平排第二,平均值为 0.622,远高于其他城市。

温州、台州排在第二梯队,平均值在 0.3—0.4 之间,温州物流系统综合发展水平平均值为 0.313,台州为 0.343。

绍兴、金华、嘉兴、舟山排在第三梯队,有序度平均值在 0.2—0.3 之间;湖州、衢州、丽水排在第四梯队,平均值在 0.1 以下。

从 2013 年到 2020 年,浙江省物流系统综合发展水平呈逐年上升趋势,平均值从 0.247 增加到 0.383,但整体发展值并不高,仅杭州、宁波处于较高发展水平。

二、浙江 11 地市区域物流系统协同度评价分析

根据第一节中系统协同度的计算公式,得到各地级市的区域物流系统协同度的评价结果,具体见表 4-8。

表 4 - 7　地市区域物流系统综合发展水平评价值

时间	杭州	宁波	嘉兴	湖州	绍兴	舟山	温州	金华	衢州	台州	丽水	省平均值
2013	0.509	0.515	0.221	0.150	0.226	0.152	0.244	0.216	0.087	0.270	0.125	0.247
2014	0.524	0.543	0.236	0.145	0.242	0.188	0.254	0.236	0.098	0.285	0.132	0.262
2015	0.559	0.564	0.242	0.158	0.251	0.198	0.272	0.249	0.102	0.298	0.138	0.275
2016	0.597	0.565	0.244	0.166	0.259	0.212	0.278	0.256	0.123	0.319	0.153	0.288
2017	0.647	0.643	0.268	0.190	0.282	0.234	0.298	0.278	0.137	0.357	0.157	0.317
2018	0.666	0.733	0.294	0.213	0.288	0.272	0.338	0.312	0.149	0.400	0.164	0.348
2019	0.707	0.790	0.310	0.236	0.300	0.295	0.404	0.314	0.154	0.411	0.171	0.372
2020	0.763	0.809	0.315	0.238	0.322	0.290	0.417	0.327	0.152	0.406	0.171	0.383
平均值	0.622	0.645	0.266	0.187	0.271	0.230	0.313	0.274	0.125	0.343	0.151	

表4-8　区域物流系统协同度计算结果

时间	杭州	宁波	嘉兴	湖州	绍兴	舟山	温州	金华	衢州	台州	丽水
2013	0.798	0.802	0.604	0.532	0.609	0.534	0.625	0.600	0.444	0.646	0.500
2014	0.806	0.816	0.618	0.526	0.624	0.573	0.633	0.618	0.461	0.658	0.509
2015	0.824	0.826	0.623	0.541	0.631	0.582	0.648	0.629	0.467	0.668	0.516
2016	0.842	0.827	0.625	0.549	0.638	0.596	0.653	0.635	0.498	0.683	0.535
2017	0.865	0.863	0.644	0.574	0.655	0.616	0.668	0.653	0.515	0.709	0.539
2018	0.873	0.902	0.665	0.597	0.660	0.648	0.697	0.679	0.530	0.737	0.547
2019	0.891	0.925	0.676	0.618	0.669	0.666	0.739	0.680	0.536	0.743	0.555
2020	0.914	0.932	0.680	0.620	0.686	0.662	0.747	0.689	0.534	0.741	0.555
平均值	0.852	0.861	0.642	0.570	0.646	0.610	0.676	0.648	0.498	0.698	0.532

杭州、宁波的物流系统协同度水平最高,排在第一梯队,宁波物流系统协同度平均值最大,平均值达到0.861,2020年最高值达到0.932;杭州物流系统协同度排第二,平均值为0.852,远高于其他城市。

嘉兴、绍兴、舟山、温州、金华、台州排在第二梯队,系统协同度平均值在0.6—0.7之间,处于较高水平,嘉兴平均值为0.642,绍兴为0.646,舟山为0.610,温州为0.676,金华为0.648,台州为0.698。

湖州、丽水排在第三梯队,系统协同度平均值在0.5—0.6之间,湖州为0.570,台州为0.532。

衢州最差,系统协同度平均值为0.498,排在最末位。

从2013年到2020年,浙江省物流系统协同度呈逐年上升趋势,整体发展协同度值高,11个城市的协同度均已经度过了协同度0.5这个重要分界点,内部要素之间保持良性合作状态,系统的协同程度较高,子系统内部各要素之间协作良好,发展速度进一步提升。宁波、杭州区域物流协同度已经达到0.8,说明宁波、杭州区域物流系统的整体协同度已经处于较高的水平,内部各要素保持较高水平的协作状态。已经度过了协同度 0.8 这一分界点,表明宁波、杭州物流系统进入了成长突变期,并开始趋向新的有序结构。

衢州、丽水的协同度是最差水平,原因在于其区域物流支撑子系统、供给子系统和需求子系统的有序度均处于最低水平。

三、浙江 11 地市区域物流系统分异评价

1. 浙江 11 地市区域物流发展的系统聚类分析

为了更好地研究 11 地市区域物流系统的分级特征,将浙江 11 地市物流系统的综合评价得分值进行系统聚类分析,运用组间平均数联结法生成聚类树状族谱,具体见图 4-5,图 4-6。2013 年,将 11 个城市划分为三个层次,第一层次为杭州、宁波,第二层次为绍兴、金华、嘉兴、温州和台州,第三层次为舟山、湖州、衢州、丽水。

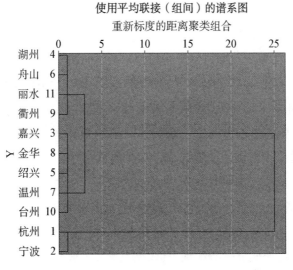

图 4-5 2013 年 11 地市物流发展水平系统聚类分析

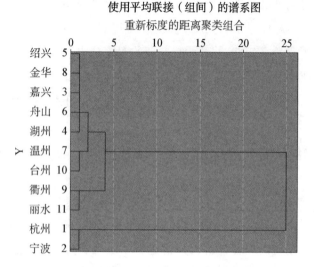

图 4-6 2020 年 11 地市物流发展水平系统聚类分析

2020 年,将 11 个城市划分为三个层次,第一层次为杭州、宁波,第二层次为绍兴、金华、嘉兴、舟山、湖州、温州和台州,第三层次为衢州、丽水。综合比较来看,舟山和湖州的区域物流系统发展层次提升。

根据系统聚类结果,将 0—0.3 表示为低梯度;0.3—0.5 为中梯度;0.5 以上为高梯度。

2013 年,杭州、宁波均为高梯度,而其余 9 个地市均是低梯度,两极分化明显;2020 年,杭州、宁波仍为高梯度,嘉兴、绍兴、台州、金华、温州为中梯度,湖州、舟山、衢州、丽水为低梯度。

尽管区域物流系统综合水平均有所增强,但是仍然表现出明显的空间分异状态,处于高梯度水平的区域未发生变化。

2. 浙江 11 地市区域物流发展协同度分异评价

根据系统协同度计算结果和系统协同度评判标准,对 11 地市区域物流系统协同度进行评判,具体见下图 4-7,浙江 11 地市区域物流系统的协同性较好,基本处于高度协同状态,其中,杭州、宁波处于极度协同状态,除去衢州早期处于中度协同状态,其他都处于高度协同状态,表明 11 地市区域物流的支撑子系统、供给子系统、需求子系统协同状态好,系统各要素之间协同较好。

时间	2013	2014	2015	2016	2017	2018	2019	2020
杭州	高度	极度						
宁波	极度							
嘉兴	高度							
湖州	高度							
绍兴	高度							
舟山	高度							
温州	高度							
金华	高度							
衢州	中度				高度			
台州	高度							
丽水	高度							

图 4-7　浙江省 11 地市物流协同度评判

　　浙江省 11 地市物流系统的综合发展水平存在较大分异,宁波、杭州的物流综合发展水平遥遥领先,而其余 9 个地市的综合发展水平则处于较低层次,主要体现在区域物流需求子系统和供给子系统较弱。

　　浙江 11 地市区域物流系统的协同性好,2020 年全部处于高度协同状态,其中,杭州、宁波处于极度协同状态。

第五章

基于复合系统论的浙江四大都市圈区域物流协同度与分异评价

本章对浙江四大都市圈进行了介绍,从物流供给子系统、物流需求子系统和物流支撑子系统角度对四大都市圈物流系统现状进行了介绍,应用耦合协同度模型对浙江省四大都市圈区域物流协同度发展进行评价,并对空间差异进行了分析。

第一节　浙江四大都市圈区域物流发展现状

一、浙江四大都市圈现状

浙江省"十四五"规划提出"大力推进杭州、宁波、温州、金义四大都市区建设,提升在长三角世界级城市群中的功能地位",要求全省域融入长三角一体化,省域一体化发展格局基本形成。未来,浙江将建设"以四大都市区核心区为中心带动,以四大都市经济圈为辐射拓展的四核、四带、四圈"网络型城市群空间格局。浙江四大都市圈的建设对其区域物流发展提出了更高的要求,区域物流协同发展有利于加快都市圈的整合和协调发展,提升都市圈竞争力。

杭州都市圈位于长江三角洲经济圈的南翼,主要以杭州为中心联结湖州、嘉兴、绍兴、衢州、黄山五市为节点长三角打造的"金南翼"。杭州都市圈,是以杭州市为核心,涵盖浙江省以及周边省份的地理范围内,经济、政治、文化等领域内相互关联和相互渗透的大都市圈。目前,杭州都市圈所涵盖的区域范围约为 2.2 万平方千米,人口总量超过 7,000 万。杭州都市圈是中国最具活力和发展潜力的城市群之一,得益于杭州市的高速发展和周边地区的经济腾飞,杭州都市圈在全球都市圈中具有极高的竞争力和影响力。杭州都市圈拥有全球领先的电子商务企业阿里巴巴、华为移动等高科技企业的大量基地和研发中心,以及杭州主导的数字经济、生物医药、高端制造等产业的强劲增长。同时,杭州自然生态及人文历史资源丰富,著名景点吸引着众多游客和文化爱好者,使得杭州都市圈既具有现代化的经济实力,也保留着浓厚的人文历史底蕴。杭州都市圈是一个具有创新能力、活力和成长潜力的城市群,未来有望成为一个更加国际化、高效率和生态友好的区域经济中心。杭州都市圈将打造立体化交通网络,实现 1 小时通勤圈,打造世界级机场群,打造国际领先的内河港、轨道上的都市圈、快捷高效的公路网。

宁波都市圈是以宁波市为核心,具体范围包括宁波、舟山、台州三市。宁波都市圈地处中国东南沿海,总面积约 1.8 万平方千米,人口总数超过 1,600 万。宁波都市圈地理位置优越,交通便利,港口和内陆物流网络发达,是中国海洋经济的重要发展区域之一。宁波都市圈拥有全国知名的经济技术开发区(如宁波高新区、绍兴国家高新区等)和一大批优势产业(如海洋产业、新能源产业、汽车制造业等),已经形成了以制造业为主导的现代产业体系。宁波都市圈还拥有丰富的人文历史和自然资源,有许多著名的文化古迹和旅游景点。总的来说,宁波都市圈是一个富有活力和潜力的城市群,具有优越的地理环境和经济基础,未来有望成为中国东南沿海地区的主要经济中心之一。高起点建设浙江舟山群岛新区和江海联运服务中心、宁波港口经济圈、台州小微企业金融服务改革创新试验区。高效整合三地海港资源和平台，打造全球现代化综合枢纽港、国际航运服务基地和国际贸易物流中心，形成长江经济带龙头龙眼和"一带一路"战略支点。物流方面，将打造宁波舟山港一体化 2.0、建设综合交通门户枢纽、构建都市区对外便捷交通、构筑都市区内部快速路网、优化都市区公交网络、强化其他基础设施共建，建设现代化交通体系。

温州都市圈以温州市为核心，范围包括温州市区、乐清市、瑞安市、永嘉县、平阳县、苍南县、龙港市，逐步实现核心区范围市域全覆盖，将丽水纳入到该区域。温州都市圈地处中国东南沿海，总面积约1.2万平方千米，人口总数超过 1,000 万。温州都市圈被誉为中国的"小商品之都"，是中国最大的小商品生产基地之一。温州都市圈的制造业集聚度非常高，包括皮革制品、服装、鞋类、眼镜、电器、五金工具等领域，产业链完整，经济实力强劲。同时，温州都市圈还拥有丰富的自然和人文资源，有许多著名的景点和历史遗迹。温州都市圈是一个富有活力和潜力的城市群，具有优越的地理位置和经济基础，有望成为东南沿海地区的重要经济中心之一。对标长三角先进城市，围绕"百万人才、千万人口、万亿 GDP"的奋斗目标，打造以国际时尚智造为特色的中国民营经济之都，建设中国时尚产业智造中心、世界华商综合发展交流中心、东南沿海医疗康养中心、全国性综合交通枢纽、浙南闽北区域中心城市。形成都市区、市域、城区 3 个"1 小时交通圈"，成为长三角一体化发展重要南大门"和对接闽台的"桥头堡"。

金义都市圈是以浙江省金华和义乌市为核心，涵盖金华市、义乌市、东阳市、永康市、武义县、浦江县、磐安县等七个城市的区域性城市群。金义都市圈地处中国东南沿海，总面积约 1.8 万平方千米，人口总数超过 900 万。金义都市圈是中国小商品市场的主要集散地,也是全国重要的制造业基地之一,涵盖纺织、服装、电子、机械等诸多领域。同时,金义都市圈也拥有丰富的旅游资源吸引着众多游客前来游览。作为浙江省的经济中心之一,金义都市圈在改革开放以来得到了快速发展,经济实力和城市建设水平不断提高。未来,金义都市圈将继续发挥区位优势和产业基础,加快推进城市间的互联互通和协同发展,成为东南沿海地区的经济中心之一,成为带动浙江中西部地区经济社会发展的重要增长极。

二、浙江四大都市圈区域物流系统现状

　　根据本书第四章构建的指标体系和获取的数据,构建都市圈的评价指标,具体见表5-1,按照都市圈包含的城市,对都市圈的相关指标数据进行计算,可详细了解都市圈区域物流系统的发展情况。

表5-1　都市圈物流系统协同发展评价指标

子系统	序参量	指标性质
区域物流支撑子系统	公路里程(km)	+
	高速公路里程(km)	+
	年末移动电话用户数(万户)	+
	国际互联网用户数(万人)	+
区域物流供给子系统	货物周转量(亿吨公里)	+
	货运量(万吨)	+
区域物流需求子系统	生产产值(亿元)	+
	社会消费品零售总额(亿元)	+
	进出口总额(万美元)	+
	第三产业增加值(亿元)	+

1. 区域物流需求子系统

四大都市圈的区域生产总值情况,具体见图 5-1。从区域生产总值来看,杭州都市圈生产总值发展体量最大,2020 年达到 3.2 万亿,从2013—2020 年数据来看,杭州都市圈区域生产总值是宁波的 1.6 倍左右,是温州都市圈的 3.7 倍左右,是金义都市圈的 6.5 倍左右。

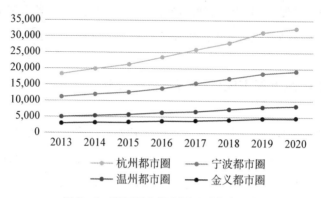

图 5-1　浙江四大都市圈区域生产总值

四大都市圈的社会消费品零售总额情况,具体见图 5-2。杭州都市圈社会消费品零售总额最大,2020 年达到 1.26 万亿,从 2013—2020 年数据来看,杭州都市圈是宁波的 1.6 倍左右,是温州都市圈的3 倍左右,是金义都市圈的 5 倍左右。

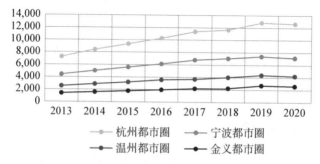

图 5-2　浙江四大都市圈社会消费品零售总额

　　四大都市圈的第三产业增加值情况,具体见图5-3。杭州都市圈第三产业增加值最大,2020年达到1.89万亿,从2013—2020年数据来看,杭州都市圈是宁波的2倍左右,是温州都市圈的4倍左右,是金义都市圈的7倍左右。杭州都市圈的第三产业增加值呈逐年上升趋势,其他三个都市圈与杭州都市圈的差距在扩大。

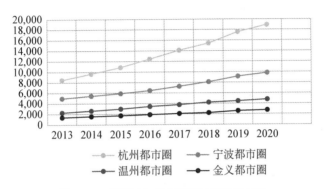

图5-3　浙江四大都市圈第三产业增加值

　　四大都市圈的进出口总额情况,具体见图5-4。杭州都市圈和宁波都市圈的进出口总额相当,2020年宁波都市圈进出口总额最多,达到1,900万美元,从2013—2020年数据来看,杭州都市圈进出口总额是温州都市圈的6倍左右,是金义都市圈的3倍左右。四大都市圈的进出口总额呈增长态势。

　　从区域物流支撑子系统来看,杭州都市圈对物流发展的支撑力度最大,其次宁波都市圈,温州都市圈排第三,金义都市圈排最末。都市圈规划时,出于做大杭州都市圈和宁波都市圈的需要,扩大了杭州都市圈和宁波都市圈的规划范围,而温州都市圈和金义都市圈的规划范围则较小。

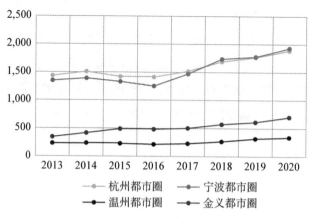

图 5 - 4　浙江四大都市圈进出口总额

2. 区域物流供给子系统

四大都市圈的货运量,具体见图 5 - 5。宁波都市圈货运量超过杭州都市圈,主要是由于宁波是港口物流发达城市,货运量大,从 2013—2020 年数据来看,宁波都市圈货运量是温州都市圈的 5.5 倍左右,是金义都市圈的 10 倍多。四大都市圈的货运量呈微增长态势。

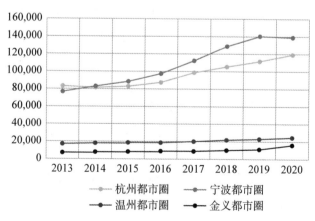

图 5 - 5　浙江四大都市圈货运量

四大都市圈的货运周转量,具体见图 5－6。宁波都市圈货运周转量远超过杭州都市圈,主要是由于宁波是港口物流发达城市,货运周转量大,从 2020 年数据来看,宁波都市圈货运周转量是杭州都市圈的 5 倍左右,是温州都市圈的 15 倍左右,是金义都市圈的 73 倍。四大都市圈的货运周转量呈增长态势。

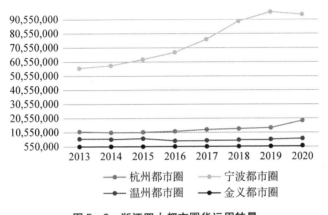

图 5－6　浙江四大都市圈货运周转量

3. 区域物流支撑子系统

四大都市圈的年末移动电话用户数,具体见图 5－7。杭州都市圈范围大,年末移动电话用户数远超过其他三个都市圈,从 2020 年数据来看,杭州都市圈年末移动用户数是宁波都市圈的 1.6 倍左右,是温州都市圈的 2.7 倍左右,是金义都市圈的 4.3 倍。宁波都市圈的年末移动用户数呈增长态势,其他三个都市圈略微减少。

四大都市圈的国际互联网用户数,具体见图 5－8。杭州都市圈范围最大,国际互联网用户数远超过其他三个都市圈,从 2020 年数据来看,杭州都市圈年末移动用户数是宁波都市圈的 1.7 倍左右,是温州都市圈的 2.5 倍左右,是金义都市圈的 4.3 倍。四大都市圈的

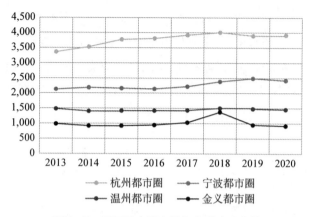

图 5 - 7　浙江四大都市圈年末移动用户数

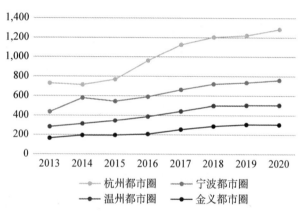

图 5 - 8　浙江四大都市圈国际互联网用户数

年末移动用户数均呈现一定的增长态势。

　　四大都市圈的境内公路里程,具体见图 5 - 9。杭州都市圈范围最大,境内公路里程超过其他三个都市圈,从 2020 年数据来看,杭州都市圈境内公路里程是宁波都市圈的 2 倍左右,是温州都市圈的 1.7倍左右,是金义都市圈的 4 倍左右。四大都市圈的境内公路里程均呈现较小的增长幅度,温州都市圈的增长幅度最大。

图 5 - 9 浙江四大都市圈境内公路里程

四大都市圈的高速公路里程,具体见图 5 - 10。杭州都市圈范围最大,高速公路里程远超过其他三个都市圈,从 2020 年数据来看,杭州都市圈高速公路里程是宁波都市圈的 2.3 倍左右,是温州都市圈的 2.6 倍左右,是金义都市圈的 6.4 倍。四大都市圈的年末移动用户数均呈现一定的增长态势。

图 5 - 10 浙江四大都市圈高速公路里程

第二节　浙江四大都市圈区域物流子系统有序度分析

根据浙江四大都市圈的 2013—2020 年的数据,对浙江四大都市圈的区域物流协同度进行计算和研究,数据均来源于浙江省各城市统计年鉴汇总计算得到,数据真实性和有效性可以保证。

一、指标权重计算

根据协同度计算模型,得到指标权重如下表 5-2 所示。

表 5-2　权重计算结果

子系统	子系统权重	序参量权重
区域物流支撑子系统	0.341	0.247
		0.256
		0.25
		0.247
区域物流供给子系统	0.323	0.529
		0.471
区域物流需求子系统	0.336	0.247
		0.255
		0.248
		0.25

根据计算得到的权重和序参量的数据,计算得到四大都市圈 2013—2020 年区域物流支撑子系统、区域物流供给子系统和区域物

流需求子系统的有序度值,具体见表。

二、四大都市圈区域物流支撑子系统有序度分析

从四大都市圈区域物流支撑子系统有序度值的情况来分析,杭州都市圈处于遥遥领先水平,有序度值最大,平均值达到 0.854,2020 年最高值达到 0.981,相比 2013 年增长 34.3%,年均增长 4.29%。宁波都市圈有序度值排第二,平均值为 0.379,2013 年到 2020 年从 0.308 增长到 0.446 增长 44.7%,年均增长 5.59%。

温州都市圈和金义都市圈的区域物流支撑子系统有序度值较差,温州都市圈平均值为 0.08,金义都市圈平均值为 0.059,与杭州都市圈和宁波都市圈差距较大。

选取指标时,由于数据可得性,未考虑航运物流相关的指标,例如航道长度指标、码头泊位指标,使得宁波都市圈的支撑子系统有序度指标值偏低。

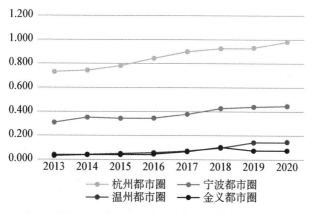

图 5-11 浙江四大都市圈区域物流支撑子系统有序度

三、四大都市圈区域物流供给子系统有序度分析

从四大都市圈区域物流供给子系统有序度值的情况来分析,宁波都市圈处于遥遥领先水平,有序度值最大,平均值达到 0.761,2019 年最高值达到 0.990,相比 2013 年增长 81.2%,年均增长 10.2%。杭州都市圈有序度值排第二,平均值为 0.409,2013 年到 2020 年从 0.349 增长到 0.529,增长 51.5%,年均增长 6.4%。

温州都市圈和金义都市圈的区域物流供给子系统有序度值较差,温州都市圈平均值为 0.052,金义都市圈平均值为 0.012,与杭州都市圈和宁波都市圈差距较大。

选取指标时,由于数据可得性,选取了货运量和货运周转量两个指标,未考虑物流企业竞争力相关的指标,例如具有竞争力的物流企业的数量,由于宁波都市圈包括了宁波、舟山两个重要的对外港口,港口中转吞吐量大,使得宁波都市圈供给子系统有序度指标值偏高。

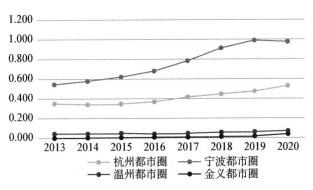

图 5-12 浙江四大都市圈区域物流供给子系统有序度

四、四大都市圈区域物流需求子系统有序度分析

从四大都市圈区域物流需求子系统有序度值的情况来分析,杭州都市圈处于遥遥领先水平,有序度值最大,平均值达到 0.75,2020年最高值达到 0.979,相比 2013 年增长 83.4％,年均增长 10.4％。宁波都市圈有序度值排第二,平均值为 0.477,2013 年到 2020 年从 0.351 增长到 0.627,增长 78.7％,年均增长 9.8％。

温州都市圈和金义都市圈的区域物流需求子系统有序度值较差,温州都市圈平均值为 0.083,金义都市圈平均值为 0.079,尽管相比 2013 年有序度值有所增加,但与杭州都市圈和宁波都市圈差距较大。

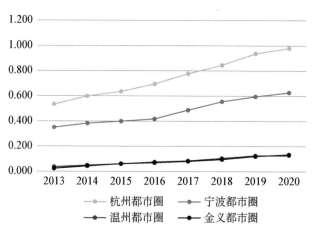

图 5－13　浙江四大都市圈区域物流需求子系统有序度

第三节 浙江四大都市圈区域物流系统协同
度与分异评价

一、浙江四大都市圈区域物流综合发展评价分析

根据综合发展水平的计算公式,得到四大都市圈区域物流系统综合发展水平的评价结果,具体见表 5-3。

表 5-3 四大都市圈区域物流系统综合发展水平评价值

时间	杭州都市圈	宁波都市圈	温州都市圈	金义都市圈
2013	0.551	0.405	0.037	0.019
2014	0.574	0.441	0.042	0.028
2015	0.603	0.459	0.050	0.035
2016	0.643	0.481	0.054	0.039
2017	0.705	0.547	0.064	0.050
2018	0.746	0.626	0.081	0.068
2019	0.788	0.669	0.105	0.068
2020	0.831	0.675	0.110	0.077

从四大都市圈区域物流系统综合发展评价结果来看,杭州都市圈处于遥遥领先水平,综合发展水平最高,平均值达到 0.68,2020 年最高值达到 0.831,相比 2013 年增长 50.6%,年均增长 6.3%。宁波都市圈综合发展排第二,平均值为 0.538,2013 年到 2020 年从 0.405增长到 0.675,增长 66.7%,年均增长 8.3%。

温州都市圈和金义都市圈的区域物流综合发展较差,温州都市

圈平均值为 0.068,金义都市圈平均值为 0.048,相比 2013 年综合发展水平有所提升,但与杭州都市圈和宁波都市圈差距很大。

二、四大都市圈区域物流系统协同度评价分析

根据系统协同度的计算公式,得到四大都市圈区域物流系统协同度的评价结果,具体见表 5-4。

表 5-4 四大都市圈区域物流系统协同度计算结果

时间	杭州都市圈	宁波都市圈	温州都市圈	金义都市圈
2013	0.815	0.736	0.341	0.266
2014	0.826	0.757	0.354	0.306
2015	0.839	0.767	0.375	0.331
2016	0.862	0.782	0.386	0.346
2017	0.889	0.817	0.407	0.374
2018	0.906	0.856	0.441	0.414
2019	0.922	0.875	0.479	0.415
2020	0.942	0.879	0.487	0.437
平均值	0.875	0.809	0.409	0.361

从 2013 年到 2020 年,四大都市圈物流系统协同度呈逐年上升趋势。杭州都市圈和宁波都市圈的整体发展协同度值高,区域物流协同度已经达到 0.8,说明杭州都市圈、宁波都市圈物流系统的整体协同度已经处于较高的水平,内部各要素保持较高水平的协作状态,已经度过了协同度 0.8 这一分界点,表明宁波都市圈、杭州都市圈的物流系统进入了成长突变期,并逐步趋向新的有序结构发展。

温州都市圈和金义都市圈的整体发展协同度值均在增长,但协

同度值较差,均低于 0.5 这一关键值,系统内部子系统之间的协同性不足,需求子系统相对较好,而供给子系统和支撑子系统的发展与需求子系统不匹配。

三、四大都市圈区域物流系统分异评价

1. 四大都市圈区域物流发展的系统聚类分析

为了更好地研究四大都市圈区域物流系统的分级特征,根据四大都市圈综合评价得分值进行系统聚类分析,运用组间平均数联结法生成聚类树状族谱,具体见图。2013 年,四个都市圈聚为两类,温州都市圈和金义都市圈距离最近,聚为一类,杭州都市圈和宁波都市圈第二次聚类。2020 年,四个都市圈仍旧聚为两类,温州都市圈和金义都市圈距离最近,聚为一类,杭州都市圈和宁波都市圈第二次聚类。2020 年与 2013 年比较来看,杭州都市圈和宁波都市圈的距离在减小,说明二者的发展差距在减小。

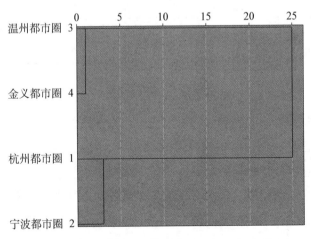

图 5-14 2013 年四大都市圈物流发展水平系统聚类分析

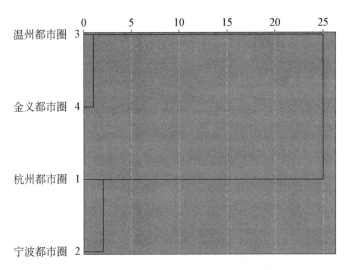

图 5‑15 2020 年四大都市圈物流发展水平系统聚类分析

根据都市圈物流发展评价结果,将 0—0.3 表示为低梯度;0.3—0.5 为中梯度;0.5 以上为高梯度,得到梯度分布见表 5‑5。

表 5‑5 四大都市圈区域物流发展水平分布

时间	杭州都市圈	宁波都市圈	温州都市圈	金义都市圈
2013	高梯度	中梯度	低梯度	低梯度
2014	高梯度	中梯度	低梯度	低梯度
2015	高梯度	中梯度	低梯度	低梯度
2016	高梯度	中梯度	低梯度	低梯度
2017	高梯度	高梯度	低梯度	低梯度
2018	高梯度	高梯度	低梯度	低梯度
2019	高梯度	高梯度	低梯度	低梯度
2020	高梯度	高梯度	低梯度	低梯度

2013 年,杭州都市圈为高梯度,宁波都市圈为中梯度,而其余温州都市圈和金义都市圈均是低梯度,两极分化明显;2020 年,杭州都市圈、宁波都市圈均为高梯度,温州都市圈和金义都市圈仍为低梯度。

从 2013 年到 2020 年,尽管区域物流系统综合水平均有所增强,但是仍然表现出明显的空间分异状态,温州都市圈和金义都市圈的发展能级难以与杭州都市圈和宁波都市圈匹敌。

2. 四大都市圈区域物流发展协同度分异评价

根据系统协同度计算结果和系统协同度评判标准,对四大都市圈区域物流系统协同度进行评判,具体见下图 5 - 16,浙江四大都市圈物流系统的协同性存在较大分异,杭州都市圈从 2013 年到 2020 年都是处于极度协同状态,宁波都市圈 2013 年至 2016 年处于高度协同状态,2017 年至 2020 年处于极度协同状态,杭州都市圈和宁波都市圈的区域物流支撑子系统、供给子系统、需求子系统的协同状态好,系统各要素之间协同好。而温州都市圈和金义都市圈则基本处于中度协同状态,都市圈物流系统的三个子系统协同状态待改善。

时间	2013	2014	2015	2016	2017	2018	2019	2020
杭州都市圈	极度协同							
宁波都市圈	高度协同				极度协同			
温州都市圈	中度协同							
金义都市圈	低度	中度协同						

图 5 - 16　都市圈物流协同度评判

浙江省四大都市圈物流系统的综合发展水平存在较大分异,杭州都市圈和宁波都市圈的物流综合发展水平遥遥领先,而其余两个都市圈的综合发展水平则处于较低层次,主要体现在区域物流支撑子系统和供给子系统较弱。

杭州都市圈和宁波都市圈物流系统的协同性好,2020年已经处于极度协同状态,而温州都市圈和金义都市圈物流系统处于中度协同状态,主要表现为区域物流需求子系统与支撑子系统和供给子系统协同度不足,需进一步提升支撑子系统和供给子系统。

第六章

基于区域效率视角的浙江四大都市圈间区域物流协同评价

本章构建了基于超 DEA 模型的区域物流系统协同度评价模型，并应用模型对浙江四大都市圈及都市圈间的区域物流协同度进行了评价，进一步分析浙江四大都市圈的物流协同度情况。

第一节　基于效率视角的区域物流协同评价模型

系统思想认为，单个子系统合并成一个大的整体系统后，要形成原单个子系统不具备的协力优势与协和作用，而区域经济理论认为，通过区域分工与协作，促进生产要素的区域流动，可推动区域经济整体协调发展。因此，本文从多个子系统转变为整体系统后的优势变化过程实现对系统协同度的测量，即将系统协同过程视为"黑盒"，不具体关注各要素的变化过程、构造状态，而聚焦协同过程中各子系统与整体系统的效率变化，可观测系统协同程度。

一、运用超效率 DEA 模型计算系统效率值

数据包络分析(DEA)是对同质决策单元确定其相对有效性的一

种数学规划法,是广泛应用于经济社会灵越效率评价的方法。本文采用基于松弛测度的超效率 DEA 模型计算区域物流整体及其子系统的效率值。与普通 DEA 模型相比,超效率 DEA 模型突破了效率值不超过 1 的界限,能够计算出各地区各决策单元的真实效率值,其数据模型如下:

$$\delta = \frac{\min\left(1 + \frac{1}{n}\sum_{r=1}^{n}\frac{s_r^-}{x_{ri}}\right)}{1 - \frac{1}{q}\sum_{t=1}^{q}\frac{s_t^+}{y_{ti}}} \tag{6-1}$$

$$s.t.\begin{cases} \sum_{m=1,\,m\neq i}^{k}\lambda_m x_{rm} - s_r^- \leqslant x_{ri} \\ \sum_{m=1,\,m\neq i}^{k}\lambda_m y_{tm} + s_t^+ \geqslant y_{ti} \\ \lambda、s^-、s^+ \geqslant 0,\ r=1,2\ldots n;\ t=1,2\ldots q;\ m \\ \qquad =1,2\ldots k(m\neq k) \end{cases}$$

$$\tag{6-2}$$

其中,x_{ri} 为要素投入量,y_{ti} 为最终产出量,s^-、s^+ 分别表示要素投入和产出的松弛值,n、q、k 分别表示投入、产出及投入乘以产出的项数,i 表示时间年份,可测量区域物流系统整体与各子系统的单个年份效率值,δ 为评价效率值,若 $\delta \leqslant 1$,则表明效率值较低,缺乏效率,若 $\delta \geqslant 1$,则表示有效率,且值越大则表示越有效率。

二、区域物流协同度评价方法

运用超效率 DEA 模型计算区域物流的效率值,分别为 Et、Eb,

Et 表示区域物流某一年度的整体效率值，Eb 表示某一年度区域物流下的各子系统的效率值($b=1, 2\ldots p$，p 表示子系统数量)，E_{min}、E_{mac}、E_{ave} 分别表示各子系统效率值的最小值、最大值与平均值，区域物流协同程度评价的分类原则如表 6-1 所示。

表 6-1　基于效率视角的区域物流协同评价等级表

系统整体效率取值区间	协同程度分级	说明
$Et \leqslant E_{min}$	未协同	$pEt < \sum_{b=1}^{p} Eb$，系统整体效率值低于所有子系统个体效率值，说明各子系统作为整体后，整体效率恶化
$E_{min} < Et \leqslant E_{ave}$	较低程度协同	$pEt < \sum_{b=1}^{p} Eb$，表明整体效率处于较低水平，尚未出现一加一大于二的效果
$E_{ave} < Et \leqslant E_{max}$	较高程度协同	$pEt \geqslant \sum_{b=1}^{p} Eb$，表明整体效率处于较高水平，已形成一加一大于二的效果
$Et > E_{max}$	高度协同	$pEt \geqslant \sum_{b=1}^{p} Eb$ 表明整体效率已超过最优个体的效率值，已形成一加一远大于二的效果

第二节　浙江四大都市圈协同评价

一、数据来源

根据浙江省四大都市圈区域物流发展的现实情况，考虑数据可得性，参考相关研究文献，选取计算区域物流超效率值的投入、产出指标体系,具体见表 6-2 所示。表中 i 代表不同年份,数据来源于 2013 年至 2020 年浙江省 11 地市的统计年鉴和《国民经济与社会发展统计公报》。

表 6-2　物流超效率值计算选取的投入产出指标

指标类型	指标名称(单位)	对应变量
投入指标	当年载货汽车数量(辆)	x_{1i}
	当年公路长度(公里)	x_{2i}
产出指标	当年货运量(万吨)	y_{1i}
	当年货物周转量(亿吨公里)	y_{1i}

采用 MyDEA1.0 软件,距离函数选择非径向,规模报酬不变,分别计算杭州都市圈、宁波都市圈、温州都市圈的超效率值及协同评价评判。

二、杭州都市圈物流协同评价

杭州都市圈由杭州、嘉兴、衢州、绍兴和湖州五个城市构成,则杭州都市圈作为一个整体看待的时候,分别由杭州、嘉兴、衢州、绍兴、湖州、杭州+嘉兴、杭州+衢州、杭州+绍兴、杭州+湖州、衢州+嘉兴、绍兴+嘉兴、湖州+嘉兴、衢州+绍兴、衢州+湖州、绍兴+湖州共计 15 个区域物流子系统,加上杭州+嘉兴+衢州+绍兴+湖州一个整体系统,共计 16 类决策单元类别,每类决策单元选取 2013—2020 年 8 期数据,共计 128 个决策单元。采用软件,计算得到杭州都市圈区域物流子系统的效率,具体见表 6-3,6-4,6-5。

表6-3 基于超 DEA 的杭州都市圈区域物流子系统效率评价

年份	2013	2014	2015	2016	2017	2018	2019	2020	平均值
杭州	0.608	0.578	0.577	0.592	0.663	0.671	0.683	1.077	0.681
嘉兴	0.646	0.675	0.684	0.741	0.815	0.867	0.996	1.105	0.816
湖州	0.617	0.526	0.589	0.627	0.799	0.810	1.189	0.879	0.754
绍兴	0.302	0.347	0.369	0.370	0.397	0.418	0.447	0.513	0.395
衢州	0.324	0.341	0.336	0.365	0.412	0.480	0.486	0.418	0.395
杭州＋湖州	0.594	0.544	0.544	0.561	0.633	0.657	0.695	0.880	0.638
杭州＋嘉兴	0.615	0.607	0.611	0.641	0.713	0.736	0.759	1.000	0.710
杭州＋绍兴	0.484	0.472	0.478	0.486	0.543	0.554	0.575	0.785	0.547
杭州＋衢州	0.501	0.485	0.483	0.499	0.561	0.584	0.597	0.799	0.564
嘉兴＋湖州	0.626	0.603	0.609	0.654	0.727	0.781	0.995	0.946	0.743
嘉兴＋绍兴	0.457	0.495	0.510	0.536	0.580	0.618	0.652	0.729	0.572
嘉兴＋衢州	0.486	0.508	0.509	0.550	0.607	0.670	0.693	0.702	0.591
湖州＋绍兴	0.441	0.425	0.439	0.454	0.499	0.541	0.594	0.607	0.500
湖州＋衢州	0.467	0.430	0.430	0.460	0.518	0.586	0.629	0.567	0.511
绍兴＋衢州	0.312	0.345	0.354	0.368	0.404	0.446	0.465	0.470	0.395
整体	0.499	0.492	0.495	0.518	0.578	0.614	0.645	0.728	0.571

表6-4 杭州与嘉兴、湖州双城协同评价结果

年份	杭州嘉兴双城协同评价					杭州湖州双城协同评价				
	E_{mac}	E_{min}	E_{ave}	E_HJ	协同评级	E_{mac}	E_{min}	E_{ave}	E_HH	协同评级
2013	0.646	0.608	0.627	0.615	较低程度协同	0.617	0.608	0.613	0.594	未协同
2014	0.675	0.578	0.627	0.607	较低程度协同	0.578	0.526	0.552	0.544	较低程度协同

续　表

年份	杭州嘉兴双城协同评价					杭州湖州双城协同评价				
	E_{mac}	E_{min}	E_{ave}	E_HJ	协同评级	E_{mac}	E_{min}	E_{ave}	E_HH	协同评级
2015	0.684	0.577	0.630	0.611	较低程度协同	0.589	0.577	0.583	0.544	未协同
2016	0.741	0.592	0.666	0.641	较高程度协同	0.627	0.592	0.609	0.561	未协同
2017	0.815	0.663	0.739	0.713	较高程度协同	0.799	0.663	0.731	0.633	未协同
2018	0.867	0.671	0.769	0.736	较低程度协同	0.810	0.671	0.741	0.657	未协同
2019	0.996	0.683	0.839	0.759	较低程度协同	1.189	0.683	0.936	0.695	较低程度协同
2020	1.105	1.077	1.091	1.000	未协同	1.077	0.879	0.978	0.880	较低程度协同
平均值	0.816	0.681	0.749	0.710	较低程度协同	0.786	0.650	0.718	0.638	未协同

表6-5　杭州与绍兴、衢州双城协同评价结果

年份	杭州绍兴双城协同评价					杭州衢州双城协同评价				
	E_{mac}	E_{min}	E_{ave}	E_HS	协同评级	E_{mac}	E_{min}	E_{ave}	E_HQ	协同评级
2013	0.608	0.302	0.455	0.484	较高程度协同	0.608	0.324	0.466	0.501	较高程度协同
2014	0.578	0.347	0.463	0.472	较高程度协同	0.578	0.341	0.460	0.485	较高程度协同
2015	0.577	0.369	0.473	0.478	较高程度协同	0.577	0.336	0.456	0.483	较高程度协同
2016	0.592	0.370	0.481	0.486	较高程度协同	0.592	0.365	0.478	0.499	较高程度协同

年份	杭州绍兴双城协同评价					杭州衢州双城协同评价				
	E_{mac}	E_{min}	E_{ave}	E_HS	协同评级	E_{mac}	E_{min}	E_{ave}	E_HQ	协同评级
2017	0.663	0.397	0.530	0.543	较高程度协同	0.663	0.412	0.538	0.561	较高程度协同
2018	0.671	0.418	0.545	0.554	较高程度协同	0.671	0.480	0.576	0.584	较高程度协同
2019	0.683	0.447	0.565	0.575	较高程度协同	0.683	0.486	0.584	0.597	较高程度协同
2020	1.077	0.513	0.795	0.785	较高程度协同	1.077	0.418	0.748	0.799	较高程度协同
平均值	0.681	0.395	0.538	0.547	较高程度协同	0.681	0.395	0.538	0.564	较高程度协同

从单个城市来看,五个城市的效率值从 2013 年到 2020 年效率逐年提升。杭州、嘉兴和湖州单个的效率值比较高,其中嘉兴效率值最大,平均值为 0.816,在 2020 年杭州、嘉兴的效率值已经达到完全有效,而绍兴和衢州的效率值最差,平均值为 0.395。杭州都市圈整体效率值也在逐年提升,从 2013 年的 0.499 提升到 2020 年的 0.728,平均值为 0.571,未能达到效率前沿。

从杭州与其他四个城市的双城协同评价结果来看,杭州与湖州 2013 年到 2018 年处于不协同状态,2019—2020 年处于较低程度协同,从 2007 年加入杭州都市圈以来,前期湖州融杭交通基础设施建设推进较为缓慢,最近几年湖州下辖县德清和安吉加快了"融杭"步伐,但由于杭州南进趋势明显,杭州对湖州特别是市本级拉动作用并不明显,导致杭州和湖州的物流协同度低;与嘉兴基本处于较低程度协同状态,嘉兴长期发展致力于融入上海都市圈,故与杭州之间的协同互动较少,导致杭州与嘉兴区域物流之间的协同程度较低;与绍兴处于较高程度协同状态,自 2007 年杭州都市经济圈第一次市长联席会议召开以来,杭绍两地区域合作已走过了 15 年,杭台高铁、杭绍城际铁路、绍兴地铁 1 号线和杭绍台、杭绍甬高速公路等一系列重大交通基础设施,将杭州和绍兴紧紧地融合在一起;与衢州处于较高程度协同状态,2018 年衢州加入杭州都市圈,杭新景高速建成通车,杭金衢高速双向八车道贯通,加速了衢州融入杭州的步伐,使得杭州衢州的区域物流双城协同度处于较高水平。

从杭州都市圈作为整体来看,见表 6-6,杭州都市圈物流处于较低水平协同状态,表的结果显示,从 2013 年至 2020 年,杭州都市圈均处于较低水平协同状态,平均值高于 16 个决策类别中的 7 个。

表6-6　杭州都市圈协同评价结果

年份	杭州都市圈协同评价				
	E_{mac}	E_{min}	E_{ave}	E_HD	协同评级
2013	0.646	0.302	0.499	0.499	较低程度协同
2014	0.675	0.341	0.492	0.492	较低程度协同
2015	0.684	0.336	0.501	0.495	较低程度协同
2016	0.741	0.365	0.527	0.518	较低程度协同
2017	0.815	0.397	0.592	0.578	较低程度协同
2018	0.867	0.418	0.628	0.614	较低程度协同
2019	1.189	0.447	0.697	0.645	较低程度协同
2020	1.105	0.470	0.765	0.728	较低程度协同
平均值	0.840	0.385	0.588	0.571	较低程度协同

三、宁波都市圈物流协同评价

宁波都市圈由宁波、台州、舟山三个城市构成,将宁波都市圈作为一个整体看待的时候,分别由宁波、台州、舟山、宁波+台州、宁波+舟山、台州+舟山共计 6 个区域物流子系统,加上宁波+台州+舟山一个整体系统,共计 7 类决策单元类别,每类决策单元选取 2013—2020 年 8 期数据,共计 56 个决策单元。采用软件,计算得到宁波都市圈区域物流子系统的效率,具体见表 6 - 7。

表 6-7 基于超 DEA 的宁波都市圈区域物流子系统效率评价

年份	宁波	舟山	台州	宁波+舟山	宁波+台州	舟山+台州	整体
2013	0.162	0.537	0.074	0.220	0.109	0.136	0.141
2014	0.179	0.709	0.075	0.240	0.118	0.136	0.149
2015	0.249	0.904	0.077	0.339	0.122	0.146	0.158
2016	0.312	1.036	0.083	0.417	0.140	0.160	0.181
2017	0.250	0.979	0.099	0.344	0.152	0.184	0.196
2018	0.399	1.001	0.102	0.517	0.169	0.205	0.223
2019	0.395	1.091	0.104	0.513	0.182	0.217	0.241
2020	0.622	0.923	0.095	0.696	0.184	0.201	0.237

从单个城市来看,三个城市的效率值从 2013 年到 2020 年效率逐年提升。舟山单个的效率值比较高,2019 年为 1.091,达到最大,主要原因在于舟山以港口物流为主要特色,而在考虑投入指标时,港口物流相关的投入指标难以齐全,导致舟山效率值偏大。宁波都市圈的效率值也呈逐年增加态势。宁波都市圈整体效率值也在逐年提

升,但效率值非常低,未能达到效率前沿。

从宁波与舟山、台州的双城协同评价结果来看,具体见表6-8,2013年至2020年均处于较低程度协同,台州临近宁波的经济相对较弱,临近温州的南面市区经济相对发达,与温州合作相对紧密,影响了与宁波的融合,而宁波发展的重点放在了环杭州湾区域,从融入上海都市圈的需求出发考虑发展,而宁波和舟山虽然推进了甬舟一体化建设,但协作的深度还未进一步加强。这都影响了宁波和台州、舟山的物流协同度。

表6-8 宁波与舟山、台州双城协同评价结果

年份	宁波舟山双城协同评价					宁波台州双城协同评价				
	E_{mac}	E_{min}	E_{ave}	E_NZ	协同评级	E_{mac}	E_{min}	E_{ave}	E_NT	协同评级
2013	0.537	0.162	0.350	0.220	较低程度协同	0.162	0.074	0.118	0.109	较低程度协同
2014	0.709	0.179	0.444	0.240	较低程度协同	0.179	0.075	0.127	0.118	较低程度协同
2015	0.904	0.249	0.577	0.339	较低程度协同	0.249	0.077	0.163	0.122	较低程度协同
2016	1.036	0.312	0.674	0.417	较低程度协同	0.312	0.083	0.197	0.140	较低程度协同
2017	0.979	0.250	0.615	0.344	不协同	0.250	0.099	0.175	0.152	较低程度协同
2018	1.001	0.399	0.700	0.517	较低程度协同	0.399	0.102	0.251	0.169	较低程度协同
2019	1.091	0.395	0.743	0.513	较低程度协同	0.395	0.104	0.249	0.182	较低程度协同
2020	0.923	0.622	0.773	0.696	较低程度协同	0.622	0.095	0.359	0.184	较低程度协同

从宁波都市圈作为整体来看,具体见表6-9,宁波都市圈物流处于较低水平协同状态,表的结果显示,从2013年至2020年,均处于较低水平协同状态,平均值也低,整个效率比较低。

表6-9 舟山台州、宁波都市圈物流协同评价结果

年份	舟山台州双城协同评价					宁波都市圈协同评价				
	E_{mac}	E_{min}	E_{ave}	E_ZT	协同评级	E_{mac}	E_{min}	E_{ave}	E_ND	协同评级
2013	0.537	0.074	0.306	0.136	较低程度协同	0.537	0.074	0.207	0.141	较低程度协同
2014	0.709	0.075	0.392	0.136	较低程度协同	0.709	0.075	0.243	0.149	较低程度协同
2015	0.904	0.077	0.490	0.146	较低程度协同	0.904	0.077	0.306	0.158	较低程度协同
2016	1.036	0.083	0.559	0.160	较低程度协同	1.036	0.083	0.358	0.181	较低程度协同
2017	0.979	0.099	0.539	0.184	不协同	0.979	0.099	0.335	0.196	较低程度协同
2018	1.001	0.102	0.552	0.205	较低程度协同	1.001	0.102	0.399	0.223	较低程度协同
2019	1.091	0.104	0.597	0.217	较低程度协同	1.091	0.104	0.417	0.241	较低程度协同
2020	0.923	0.095	0.509	0.201	较低程度协同	0.923	0.095	0.454	0.237	较低程度协同

四、温州都市圈物流协同评价

温州都市圈由温州、丽水两个城市构成,将温州都市圈作为一个整体看待的时候,分别由温州、丽水共计2个区域物流子系统,加上

温州＋丽水一个整体系统,共计 3 类决策单元类别,每类决策单元选取 2013—2020 年 8 期数据,共计 24 个决策单元。采用软件,计算得到温州都市圈区域物流子系统的效率,具体见表 6 - 10。

表 6 - 10　温州都市圈内部协同评价

年份	温州效率值	丽水效率值	E_{mac}	E_{min}	E_{ave}	E_WL	协同评级
2013	1.001	0.819	1.001	0.819	0.910	0.884	较低程度协同
2014	0.954	0.904	0.954	0.904	0.929	0.918	较低程度协同
2015	1.096	1.079	1.096	1.079	1.087	1.000	较低程度协同
2016	0.948	0.945	0.948	0.945	0.946	0.947	较高程度协同
2017	0.971	0.936	0.971	0.936	0.954	0.962	较高程度协同
2018	1.071	0.896	1.071	0.896	0.983	0.972	较低程度协同
2019	0.939	0.869	0.939	0.869	0.904	0.920	较高程度协同
2020	0.964	0.852	0.964	0.852	0.908	0.935	较高程度协同
平均值	0.993	0.912	0.993	0.912	0.953	0.942	较低程度协同

从单个城市来看,两个城市的区域物流效率值均比较大,其中温州更好,平均值达到 0.993,丽水效率值也不弱,平均值为 0.912。从温州都市圈整体来看,效率平均值也达到 0.942,效率值高。

从温州都市圈协同来看,都市圈内部协同度处于较低程度协同,从都市圈发展过程来看,丽水和温州的交通互动较少,仅有丽水青田准备与温州互联互通发展,二者之间的经济互动也不够。

第三节 浙江四大都市圈间区域物流协同评价

一、双圈协同评价结果

将浙江作为一个整体看待,分解为具体的四个都市圈,研究四个都市圈之间物流协同状况,分别由杭州都市圈(杭圈)、宁波都市圈(宁圈)、温州都市圈(温圈)、金义都市圈(金圈)、杭圈＋宁圈、杭圈＋温圈、杭圈＋金圈、宁圈＋温圈、宁圈＋金圈、温圈＋金圈共计 10 个区域物流子系统,加上一个整体系统,共计 11 类决策单元类别,每类决策单元选取 2013—2020 年 8 期数据,共计 88 个决策单元。采用软件,计算得到浙江四大都市圈区域物流的效率,具体见表 6－11。表是双圈物流协同的评价情况,表是计算的从都市圈角度看四大都市圈整体的物流协同评判。

表 6－11　四大都市圈区域物流效率

年份	杭圈	宁圈	温圈	金圈	杭宁	杭温	杭金	宁温	宁金	温金	省
2013	0.510	0.626	0.194	0.113	0.533	0.399	0.363	0.417	0.430	0.139	0.388
2014	0.503	0.640	0.204	0.122	0.555	0.398	0.364	0.454	0.456	0.151	0.407
2015	0.542	0.794	0.226	0.127	0.638	0.431	0.385	0.539	0.486	0.162	0.455
2016	0.526	0.854	0.214	0.135	0.655	0.419	0.385	0.571	0.542	0.162	0.468
2017	0.535	0.830	0.215	0.132	0.658	0.427	0.387	0.576	0.588	0.156	0.473
2018	0.527	0.990	0.215	0.148	0.703	0.422	0.385	0.642	0.667	0.162	0.497
2019	0.545	1.027	0.209	0.162	0.724	0.427	0.390	0.644	0.722	0.155	0.503
2020	0.512	1.020	0.210	0.229	0.695	0.411	0.390	0.638	0.732	0.174	0.490
平均值	0.525	0.848	0.211	0.146	0.645	0.417	0.381	0.560	0.578	0.158	0.460

从表中分析,四大都市圈比较来看,宁波都市圈的效率最高,平均值达到 0.848,2019 年为 1.027,2020 年为 1.02,已经达到完全有效状态,杭州都市圈其次,平均值为 0.525,2019 年最大为 0.545,未达到完全有效状态,而温州都市圈和金义都市圈的平均值分别为 0.211、0.146,处于低效状态。都市圈视角下浙江物流效率值不高,平均值为 0.460,处于完全无效状态,但分析变化趋势来看区域整体物流效率处于提升状态,从 2013 年的 0.388 提升到 2020 年的 0.490,整体有所提升,但提升幅度不够,提升不明显。

分析双圈协同来看(表 6－12,6－13,6－14),杭州都市圈与温州都市圈、杭州都市圈与金义都市圈、宁波都市圈与温州都市圈、宁波都市圈与金义都市圈的区域物流都处于较高协同状态,这与浙江双核城市发展思路相匹配,通过双核发展向周边辐射。但杭州都市圈和宁波都市圈之间的区域物流处于较低协同状态,表明杭州都市圈和宁波都市圈之间的互动发展还不够;温州都市圈和金义都市圈的物流也处于较低协同状态,原因在于二者之间的互动本身不足,均以杭州和宁波作为发展的融入和带动点。

表 6－12　双圈物流协同评价 1

年份	杭圈宁圈双圈协同评价					杭圈温圈双圈协同评价				
	E_{mac}	E_{min}	E_{ave}	E_H NQ	协同评级	E_{mac}	E_{min}	E_{ave}	E_H WQ	协同评级
2013	0.626	0.510	0.568	0.533	较低程度协同	0.510	0.194	0.352	0.399	较高程度协同
2014	0.640	0.503	0.572	0.555	较低程度协同	0.503	0.204	0.354	0.398	较高程度协同
2015	0.794	0.542	0.668	0.638	较低程度协同	0.542	0.226	0.384	0.431	较高程度协同

年份	杭圈宁圈双圈协同评价					杭圈温圈双圈协同评价				
	E_{mac}	E_{min}	E_{ave}	E_H NQ	协同评级	E_{mac}	E_{min}	E_{ave}	E_H WQ	协同评级
2016	0.854	0.526	0.690	0.655	较低程度协同	0.526	0.214	0.370	0.419	较高程度协同
2017	0.830	0.535	0.682	0.658	较低程度协同	0.535	0.215	0.375	0.427	较高程度协同
2018	0.990	0.527	0.759	0.703	较低程度协同	0.527	0.215	0.371	0.422	较高程度协同
2019	1.027	0.545	0.786	0.724	较低程度协同	0.545	0.209	0.377	0.427	较高程度协同
2020	1.020	0.512	0.766	0.695	较低程度协同	0.512	0.210	0.361	0.411	较高程度协同
平均值	0.848	0.525	0.686	0.645	较低程度协同	0.525	0.211	0.368	0.417	较高程度协同

表 6 - 13　双圈物流协同评价 2

年份	杭圈金圈双圈协同评价					温圈金圈双圈协同评价				
	E_{mac}	E_{min}	E_{ave}	E_H JQ	协同评级	E_{mac}	E_{min}	E_{ave}	E_W JQ	协同评级
2013	0.510	0.113	0.311	0.363	较高程度协同	0.194	0.113	0.153	0.139	较低程度协同
2014	0.503	0.122	0.313	0.364	较高程度协同	0.204	0.122	0.163	0.151	较低程度协同
2015	0.542	0.127	0.334	0.385	较高程度协同	0.226	0.127	0.176	0.162	较低程度协同
2016	0.526	0.135	0.331	0.385	较高程度协同	0.214	0.135	0.175	0.162	较低程度协同

续　表

年份	杭圈金圈双圈协同评价					温圈金圈双圈协同评价				
	E_{mac}	E_{min}	E_{ave}	E_H JQ	协同评级	E_{mac}	E_{min}	E_{ave}	E_W JQ	协同评级
2017	0.535	0.132	0.333	0.387	较高程度协同	0.215	0.132	0.174	0.156	较低程度协同
2018	0.527	0.148	0.337	0.385	较高程度协同	0.215	0.148	0.182	0.162	较低程度协同
2019	0.545	0.162	0.353	0.390	较高程度协同	0.209	0.162	0.185	0.155	较低程度协同
2020	0.512	0.229	0.371	0.390	较高程度协同	0.229	0.210	0.219	0.174	较低程度协同
平均值	0.525	0.146	0.335	0.381	较高程度协同	0.213	0.144	0.178	0.158	较低程度协同

表 6 - 14　双圈物流协同评价 3

年份	宁圈温圈双圈协同评价					宁圈金圈双圈协同评价				
	E_{mac}	E_{min}	E_{ave}	E_N WQ	协同评级	E_{mac}	E_{min}	E_{ave}	E_N JQ	协同评级
2013	0.626	0.194	0.410	0.417	较高程度协同	0.626	0.113	0.369	0.430	较高程度协同
2014	0.640	0.204	0.422	0.454	较高程度协同	0.640	0.122	0.381	0.456	较高程度协同
2015	0.794	0.226	0.510	0.539	较高程度协同	0.794	0.127	0.461	0.486	较高程度协同
2016	0.854	0.214	0.534	0.571	较高程度协同	0.854	0.135	0.495	0.542	较高程度协同
2017	0.830	0.215	0.523	0.576	较高程度协同	0.830	0.132	0.481	0.588	较高程度协同

续　表

年份	宁圈温圈双圈协同评价					宁圈金圈双圈协同评价				
	E_{mac}	E_{min}	E_{ave}	E_NWQ	协同评级	E_{mac}	E_{min}	E_{ave}	E_NJQ	协同评级
2018	0.990	0.215	0.603	0.642	较高程度协同	0.990	0.148	0.569	0.667	较高程度协同
2019	1.027	0.209	0.618	0.644	较高程度协同	1.027	0.162	0.594	0.722	较高程度协同
2020	1.020	0.210	0.615	0.638	较高程度协同	1.020	0.229	0.625	0.732	较高程度协同
平均值	0.848	0.211	0.529	0.560	较高程度协同	0.848	0.146	0.497	0.578	较高程度协同

二、四大都市圈的整体协同评价

基于都市圈效率视角来看,具体结果见表 6-15,浙江整体的物流处于较高协同状态,浙江省平均效率值高于十个子系统的六个,但整体效率值不高,未来还有较大的提升空间。

表 6-15　四大都市圈物流协同评价

年份	四大都市圈协同评价				
	E_{mac}	E_{min}	E_{ave}	E_ZJ	协同评级
2013	0.626	0.113	0.372	0.388	较高程度协同
2014	0.640	0.122	0.385	0.407	较高程度协同
2015	0.794	0.127	0.433	0.455	较高程度协同
2016	0.854	0.135	0.446	0.468	较高程度协同
2017	0.830	0.132	0.450	0.473	较高程度协同

续　表

年份	四大都市圈协同评价				
	E_{mac}	$E_{\min}$	E_{ave}	E_ZJ	协同评级
2018	0.990	0.148	0.486	0.497	较高程度协同
2019	1.027	0.162	0.500	0.503	较高程度协同
2020	1.020	0.210	0.501	0.490	较低程度协同
平均值	0.848	0.144	0.447	0.460	较高程度协同

第七章

促进浙江四大都市圈物流协同发展的机制设计

第一节　浙江四大都市圈物流定位及特色

　　浙江四大都市圈在物流领域呈现出引人瞩目的独特特征,凭借其地理优势和经济发展基础,每个都市圈都在物流方面形成了独特的特色,为区域经济的蓬勃发展提供了有力支撑。从杭州都市圈的技术创新驱动,到宁波都市圈的海港优势,再到温州和金华都市圈的制造业集群,各都市圈均在物流领域展现出鲜明的定位。通过协同发展,这些都市圈紧密合作,在物流效率、资源共享、绿色可持续等方面取得卓越成就。浙江四大都市圈的物流特征不仅体现了各地区的发展优势,更展示了共同发展、互利共赢的崭新路径。随着物流协同发展机制的不断完善,这些特征将进一步融合互补,为浙江乃至全国的经济繁荣贡献更为显著的力量。

一、四大都市圈物流共同特征

　　发达的港口和外贸。浙江位于中国东部沿海,拥有宁波、舟山等重要港口,这为外贸物流提供了便利条件。例如宁波港的国际化,宁波港作为全球著名的港口之一,实现了集装箱、散货、液体货物等多种货物的高效运输。港口的国际化运营和先进的装卸技术促进了国际贸易物流的便捷发展。杭州湾跨海大桥连接了浙江四大都市圈的宁波和金华,进一步提升了海陆联运的效率,促进了物流的互联互通。

电商和跨境贸易。作为中国电子商务的重要地区,浙江四大都市圈在电商和跨境贸易方面有着较大的影响力。尤其是都市圈的跨境电商试验区、自由贸易试验区等政策促进了电商和跨境贸易的创新和发展。例如浙江四大都市圈内的一些城市如义乌、宁波,设立了跨境电商综合试验区,探索了一系列跨境电商模式和政策,为电商物流和国际贸易提供了便利。四大都市圈有着众多的外贸出口企业,通过发展外贸物流,也支持了中国制造业的全球供应链参与。

小商品贸易。浙江四大都市圈中的温州、义乌等地以小商品贸易为主导,这在一定程度上形成了这些地区的物流特色。从小商品采购、仓储到全球分销,这些地区建立了独特的小商品贸易物流体系。例如义乌国际商贸城是全球最大的小商品市场之一,涵盖了广泛的商品种类。商贸城内的小商品贸易物流体系将供应商、批发商、零售商连接起来,促进了全球小商品贸易。这些地区为小商品贸易建设了现代化物流中心,支持商品的集散、仓储和分销,使物流链条更加高效流畅。

高科技物流创新。浙江四大都市圈中的杭州等地拥有发达的高科技产业,物流也在应用物联网、大数据、人工智能等技术创新,实现供应链的数字化、智能化和高效化。例如杭州在物流中广泛应用物联网技术,通过传感器、RFID等技术实现货物的实时追踪、监控和管理,提高了物流的透明度和效率,使得本地的物流企业利用大数据分析实现智能配送路线规划和优化,减少了配送成本和时间。

由于都市圈之间的地理接近,它们在物流方面也可能有跨区域合作,共享物流资源,优化供应链,实现更大范围内的经济合作。这些共同的特征为浙江四大都市圈的物流发展奠定了基础,同时也反映了浙江作为一个经济发达的省份在全球供应链中的重要地位。

二、四大都市圈物流各自特征

浙江四大物流圈分别以独特的特色和地域优势,呈现出引人注目的发展特征。杭州都市圈,作为技术创新的引领者,以其高新技术产业和数字化经济的发展驱动,构建起智能物流网络,提高了物流智能化水平,为区域内外企业提供了高效便捷的物流支持。宁波都市圈以其优越的海港条件,打造出具有国际影响力的港口物流体系,连接着全球的贸易网络,为区域内外的贸易活动提供了有力保障。温州和金华都市圈,以其强大的制造业集群和产业链,形成了高效的供应链体系,为各类制造企业提供了高品质的物流服务。每个物流圈在充分发挥自身特色的同时,通过协同合作,共享资源,提升整体物流效能,为浙江乃至全国的经济繁荣注入了新的活力。

1. 杭州都市圈

杭州是中国电商巨头阿里巴巴的总部所在地,电商物流在此得到广泛应用。从智能仓储、智能分拣到高效的配送系统,杭州推动电商物流的技术创新和提升。杭州拥有发达的高科技产业,物流业也在应用物联网、大数据分析、人工智能等技术,以实现物流过程的数字化、智能化和可视化管理。例如,杭州推动冷链物流创新,保障农产品和生鲜食品的新鲜度,为消费者提供优质的购物体验;探索智能城市配送方案,使用无人机、智能快递柜等方式,实现高效、便捷的最后一公里配送。

2. 宁波都市圈

宁波港是世界著名的集装箱港口,集装箱运输是该区域物流的重要特色。宁波港物流体系支撑着全球贸易,涵盖了进口、出口以及内陆运输等多个环节。宁波作为自由贸易试验区,积极发展国际贸易,特别是跨境电商,推动国际贸易物流的创新,为企业提供更便捷的进出口服务。宁波跨境电商从商品采购、仓储、分拣到全球配送,构建了高效的跨境电商供应链。

3. 温州都市圈

温州是全球小商品贸易的中心之一,该区域的物流特色主要在于小商品的集散、仓储和分销,形成了独特的小商品贸易物流体系。温州都市圈以民营企业为主,物流在支持小微企业、家庭作坊等方面有特殊的地位。物流支持民营企业的供应链管理和市场拓展,由此温州从家居用品到服装饰品,已形成了多元化的贸易流通模式。同时温州的外贸产业园区聚集了许多外贸企业,通过集约化的管理,提升了外贸物流效率。

4. 金义都市圈

金华有丰富的历史文化遗产,物流在支持传统工艺品、艺术品等文化创意产品的分销、展览和交流方面发挥着重要作用。金华通过发展跨境贸易,建设跨境贸易枢纽,提供跨境贸易的通关、仓储、分销等服务,促进区域与国际市场的联系。同时金华积极成为医疗器械物流中心,为医疗器械制造商提供集中的仓储、分销和配送服务,促进医疗器械产业的发展和供应链的优化。另外金华都市圈在农产品种植和加工方面具有优势,物流可以支持农产品的采摘、储存、运输和销售,提高农产品供应链的效率和品质。

这些特色不仅代表了各个都市圈的经济特点,也反映了其在全球供应链中的角色和贡献。每个区域都在物流领域不断创新,为本地经济的发展注入新的活力。

第二节　都市圈物流协调发展机制的目标及拟解决的问题

一、都市圈物流协调发展机制的目标

促进浙江四大都市圈物流协同发展的目标是通过建设协同高效的物流体系、推动信息共享与创新、优化政策环境，实现区域间资源共享与互补，推进经济融合与增长，进一步提升浙江的综合竞争力和区域发展水平。具体如下：

构建高效联动的物流网络。浙江四大都市圈的目标之一是建立高效的物流网络。通过整合各区域的运输资源，优化运输路线，实现物流环节的紧密衔接和协同发展。这将提高货物运输的效率和速度，降低成本，为企业提供更优质的物流服务，同时促进经济活动的流动和协调。

形成多层次的物流体系。建立多层次的物流体系，包括大型港口、交通枢纽、仓储配送中心等，以适应不同规模和需求的物流服务。这将促进资源的高效配置和集约化利用，提升物流供应链的稳定性和可靠性，为区域经济的发展提供坚实的支撑。

推动信息共享和技术创新。浙江四大都市圈致力于推动信息共享和技术创新，在物流领域建立高效的信息平台，促进物流信息的透明化和准确传递。同时，通过研发智能物流技术，如物联网、大数据分析等，提高物流过程的智能化和自动化水平，提升运营效率和服务质量。

优化物流政策环境。四大都市圈的目标之一是优化物流政策环境，制定一致的规则和标准，降低跨区域物流壁垒，为物流企业提供更稳定、透明、公平的经营环境。这将吸引更多投资，推动物流业的发展，促进区域经济的增长。

推动资源共享与互补。浙江四大都市圈鼓励资源共享与互补，通过共用物流设施、共同开发物流项目等方式，将各区域的物流资源整合起来，发挥各自的优势，提高整体物流效能，降低成本，实现协同发展。

跨区域合作与发展。四大都市圈鼓励跨区域合作，通过联合规划、投资项目等方式，共同推动物流发展。这种合作将实现物流一体化，加强区域内外的联系，推动物流业的发展和区域经济的融合。

促进经济融合与增长。通过物流协同发展，四大都市圈旨在促进经济融合与增长。通过提高物流效率和质量，优化供应链，降低成本，将促进产业链的整合与提升，刺激经济增长，实现区域经济的互利共赢。

二、拟解决的问题

浙江四大都市圈的物流协同发展旨在解决一系列关键问题，以实现更加高效、便捷、可持续的物流运营。该地区通过优化运输路线、整合运力资源，提高物流效率，避免资源浪费，实现资源共享与互补，从而最大程度地提升设施和仓储的资源利用效率。此外，通过推动信息共享和技术创新，构建统一的物流信息平台，解决信息不对称问题，提高信息的可靠性和时效性，进一步提升物流流程的透明度和效能。在跨区域壁垒问题上，浙江四大都市圈努力优化物流政策环境，制定一致的规则和标准，降低跨区域壁垒，促进物流畅通，创造更

便捷的贸易通道。这些努力将推动经济融合、绿色可持续发展,并增强该地区的竞争力与影响力。具体如下:

物流效率不高。不同于其他地区,浙江四大都市圈内存在分散的物流网络,导致货物运输时间长、成本居高。通过协同发展,集中优势资源,建立高效的联动物流网络,实现物流环节的无缝衔接,从而提高整体物流效率,促进区域内外货物快速流通。

资源浪费问题。浙江四大都市圈内,各区域可能存在资源闲置、浪费的问题,限制了资源的充分利用。通过资源共享和互补机制,将各地资源有机整合,避免不必要的资源浪费,提高物流设施和仓储的资源利用效率,为可持续发展创造更优条件。

信息不对称困扰。在浙江四大都市圈内,信息不对称阻碍了物流业务的高效推进,导致信息难以共享和协同作业。通过引入信息共享和技术创新机制,建立统一的物流信息平台,实现信息的全面共享,提高信息的准确性和时效性,从而优化物流流程,提升服务质量。

跨区域壁垒。与其他地区不同,浙江四大都市圈内存在各地区间不同的物流政策和标准,导致跨区域物流运营面临壁垒。通过优化物流政策环境,制定一致的物流规则和标准,降低跨区域物流壁垒,鼓励各区域合作,促进物流通畅,为企业提供更便捷的贸易通道。

经济融合有限。与其他地区相比,浙江四大都市圈内的经济融合程度尚有提升空间,导致资源利用不够均衡。通过物流协同发展,促进跨区域的经济融合,实现资源的流动和交流,推动各地经济共同增长,达到合作共赢的目标。

绿色可持续挑战。在浙江四大都市圈内,物流过程中存在能源消耗和环境影响的问题,需要采取措施解决。通过推动绿色物流发展,减少碳排放,优化能源利用,采用环保技术,实现可持续发展,为区域经济和环境提供保障。

第三节 建立都市圈物流协同机制的必要性

浙江四大都市圈物流协同发展机制具有重要意义。通过协同规划、资源共享与技术创新,实现物流效率提升,资源优化利用,信息透明共享,消除跨区域壁垒,推动产业升级,促进经济融合,以及环保可持续。这一机制将促进区域内物流的高效运行,推动经济的协同增长与绿色可持续发展,进而增强浙江四大都市圈的竞争力与影响力。

提高物流效率。通过物流协同发展,不同地区的物流资源和运力得以整合,运输路线优化,物流环节协同衔接,从而大幅提高货物运输效率。这不仅加速了货物流通速度,降低了物流成本,还为企业提供了更加高效可靠的物流服务,推动经济的快速发展。

资源优化利用。物流协同发展使得各地资源得以充分整合和互补。通过资源共享,避免了物流设施和仓储的闲置现象,最大程度地提高资源的利用效率,不仅促进了经济的可持续增长,也有助于实现资源的节约与环保。

信息透明共享。建立统一的物流信息共享平台,实现了货物运输、仓储和运力等多个环节的信息共享。这样的透明度不仅加强了各环节间的协同作业,也提升了客户对物流服务的信任度,推动了物流流程的优化和高效运行。

跨区域壁垒消除。物流协同发展机制在统一物流政策环境方面具有突出意义。通过协同制定规则和标准,降低跨区域物流壁垒,简化流程,为企业提供更便捷的贸易通道,增强区域内外的合作与竞争力。

推动产业升级。物流协同发展促进了产业链的紧密连接,将物流与产业深度融合。这不仅提高了物流效率,还带动了相关产业的升级与发展,增强了产业链的竞争力和附加值,为区域经济的可持续增长创造了良好条件。

经济融合增强。物流协同发展机制促进了各地区之间的经济融合,实现了资源的跨区域流动和交流。这种经济融合不仅拉近了区域间的经济差距,还强化了整个区域的综合竞争力,为共同发展打下坚实基础。

环保可持续。通过绿色物流发展,物流协同机制有助于减少能源消耗和环境影响。推动使用环保技术,减少碳排放,降低对自然资源的依赖,实现可持续发展,为未来的经济增长提供可持续的支持和保障。

第四节　制定都市圈物流协同机制的关键步骤

一、制定合作框架

制定合作框架是浙江四大都市圈物流协同发展机制的重要一环旨在明确合作的目标、原则和具体合作领域,为协同发展奠定基础。在合作框架中,各都市圈可以制定以下方面的内容:

确定协同发展的长期目标。例如提高物流效率、优化资源配置、促进产业升级、推动绿色可持续等,目标应具体、可衡量,能够引导合作的方向和努力。

确定合作的基本原则。例如平等互利、资源共享、信息透明、优势互补等,这些原则将指导合作过程中的行为和决策,确保合作的公平和可持续性。

明确具体的合作领域。例如物流设施建设、技术创新、信息共享、人才培训等,各都市圈可以根据自身特点选择适合的合作领域,以实现互利共赢。

设计合作的操作机制。其中包括定期会议、信息共享平台的管理、问题解决机制等,这些机制将确保合作的顺利进行和问题的及时解决。

确定数据共享的范围和方式,明确各都市圈在物流数据共享方面的具体合作方式,以实现信息透明化和流通的顺畅。

具体来说,宁波和杭州都市圈可以在合作框架中明确,宁波充分发挥其优越的海港条件,承担港口物流的主要发展责任,而杭州则以技术创新为驱动,负责物流信息平台的建设和管理。另一方面,温州和金华都市圈可以合作共同建设跨区域的物流仓储设施,优化物流配送网络,实现资源共享与利用。合作框架的制定为浙江四大都市圈的物流协同发展提供了明确的指引,确保合作步伐的有序推进,实现各都市圈之间的紧密合作和互利共赢。

二、建立协调机构

建立协调机构是为了确保浙江四大都市圈物流协同发展的有效性和可持续性。它有助于解决合作中的问题,推动资源整合,促进信息共享,制定计划和项目,同时监督和评估合作的进展,为各都市圈之间的紧密合作提供了组织和保障。

确定协调机构的性质,可以是政府主导的官方机构,也可以是独立的非政府组织或协会,根据性质的不同,确定其法律地位和管理架构。确定协调机构的成员构成,包括各都市圈政府代表、物流企业代表、学术界代表、行业协会代表等,成员的选择应具备相关物流领域的经验和专业知识。选定机构的领导层,包括主席、执行主任或秘书长等职位,领导层应具备领导能力和协调能力,以确保机构有效运作。制定机构的章程或章程,明确机构的目标、职责、运作流程、成员资格等细则,章程应明确规定各方的权利和义务,确保协同合作的有序推进。确定机构的经费来源和管理方式。经费可以来自各都市圈政府的拨款、会员费、项目资金等,确保财务透明,制定财务管理制度。制定机构的运作流程,包括会议安排、工作计划制定、问题解决机制等,确保机构的日常运营有序进行。设立信息共享平台和沟通机制,以便成员间的及时沟通和协作,确保信息透明度,帮助各都市圈了解彼此的需求和进展。协调机构应制定具体的合作项目和计划,根据各都市圈的特点和需求,确保合作有针对性和可执行性。建立绩效评估机制,定期对协同发展的效果进行评估和监督。根据评估结果,及时调整合作策略和计划。

总的来说,建立浙江四大都市圈物流协同发展委员会,其成员包括杭州、宁波、温州和金华都市圈的政府代表、物流企业高管、物流行业协会领导和相关领域的专家。主席职位由四大都市圈轮流担任,每年轮换一次。委员会章程明确了合作的目标、职责、成员资格和经费管理。委员会定期召开会议,制定物流协同发展计划和项目,同时建立信息共享平台和问题解决机制,确保协同发展的有效推进。经费来源包括各都市圈政府的拨款和项目资金。通过这一机构,四大都市圈能够更紧密地合作,共同推动物流协同发展。

三、信息共享平台

信息共享平台在建立协调机构中扮演了重要的角色。例如,浙江四大都市圈的协调机构可以共同投资开发一个信息共享平台,用于集成、管理和共享物流数据。该平台具有实时监控功能,支持问题报告和解决机制,同时提供了数据分析工具和报告生成功能,以帮助各都市圈更好地协同合作,提高物流效率。这一平台将促进跨区域的物流合作,实现资源整合,降低运营成本。

信息共享平台负责收集、整合和存储各都市圈的物流数据,包括货物运输信息、仓储情况、运力资源等,数据统一管理,为合作方提供方便的访问。平台支持实时信息传输,确保各都市圈能够及时获取到最新的物流数据。这有助于迅速应对物流运营中的变化和紧急情况。为了保证数据的互通性,平台制定数据标准和格式,确保各都市圈提交的数据能够被平台正确解读和处理。平台具有权限管理功能,只有经授权的用户才能访问特定的数据和功能,保障数据的安全性和隐私。信息共享平台可以提供数据分析工具,帮助各都市圈对数据进行分析和挖掘,从而得出有关物流运营的洞察和决策。平台也可以集成问题解决机制,用于报告和解决在物流运营中出现的问题。各都市圈可以提交问题报告,并在平台上进行跟踪和解决。平台能够生成各种有关物流运营的报告和统计数据,为各都市圈的决策提供数据支持。平台应具备稳定的技术架构和运维支持,确保平台的正常运行和数据安全。

信息共享平台将物流相关的信息、数据、资源等进行整合,进行共享和交流,将浙江四大都市圈的物流整合在一起,旨在提高物流行业的效率、降低成本、提升服务质量。可以帮助物流企业、货主、运输服务商等各方实现信息共享、资源优化配置,从而提高整体物流行业的运行效率。

四、推动技术创新

在浙江四大都市圈物流协同发展的机制设计中,推动技术创新不仅是提高物流效率的关键,更是推动整个区域经济发展的引擎。

通过积极投入研发、合作创新,我们可以为物流行业注入新的活力,应对日益复杂的市场需求,提高服务质量,降低成本,实现可持续发展。下面,我们将详细探讨在机制设计中如何推动技术创新,以及如何将技术创新融入浙江四大都市圈的物流协同发展战略之中。

为了促进技术创新,各都市圈可以共同投资于建设创新基础设施,如物流信息平台、智能仓储设施、交通监控系统等。各都市圈可以共同发起研发项目,旨在解决物流领域的关键问题,包括物联网技术、大数据分析、智能运输系统等方面的研究与开发。定期组织技术创新竞赛,鼓励物流企业和科研机构提交创新方案,以解决物流中的挑战和瓶颈,优秀方案可以得到资金支持和推广机会。打造物流创新生态系统,包括孵化器、加速器、创新中心等,为初创企业和技术创新提供支持和资源。通过合作设立物流技术培训和教育项目,培养新一代物流专业人才,使他们具备创新思维和技术能力。设立知识产权保护机制,确保技术创新的成果受到法律保护,鼓励企业积极投入研发。促进各都市圈之间的技术交流和合作,分享最佳实践和创新经验。各都市圈政府可以提供激励政策,如税收优惠、科研资金支持等,以鼓励企业在技术创新方面投入更多资源。

通过以上措施,浙江四大都市圈可以共同推动技术创新,提高物流领域的竞争力,实现更高效、更智能的物流运营,为协同发展提供有力支持。这将使浙江四大都市圈在全球物流产业中更具竞争力,吸引更多的投资和合作机会。

五、政策协同

在浙江四大都市圈物流协同发展的战略中,政策协同不仅是实现协同效应的关键,更是推动整个区域经济腾飞的支柱。通过政策的统一与协调,我们能够创造更有利于物流行业的发展环境,降低市场壁垒,提高市场透明度,进一步推动浙江四大都市圈物流业的现代化与国际化发展。下面,我们将详细探讨政策协同的具体策略和实施路径,以期为浙江四大都市圈的协同发展铺平道路,实现更大的共赢机会。

各都市圈政府应当协调制定和调整物流政策,以确保政策一体化,包括税收政策、监管政策、财政支持政策等,使其在整个区域内保持一致性。各都市圈政府可以共同投资于物流基础设施建设,如交通网络、港口、仓储设施等,政府应协调资金分配,确保各都市圈的物流基础设施得到平衡发展。各都市圈的市场准入和监管制度应当一致,减少市场壁垒,促进物流企业的跨区域运营。制定政策激励措施,鼓励物流企业在区域内投资和发展,其中包括税收优惠、财政支持、创新奖励等。制定支持物流技术创新和智能化发展的政策,为创新型企业提供支持和奖励。合作制定人才培训政策,以培养物流领域的高素质人才,满足不断增长的人才需求。制定政策,鼓励各都市圈政府分享信息,加强对协同发展进展的监督与评估。制定紧急响应政策,以应对自然灾害、紧急情况等突发事件对物流的影响,确保物流系统的稳定性。

通过政策协同,各都市圈可以确保政策的一致性和协调性,消除不必要的壁垒,为区域物流协同发展提供有力支持,使各都市圈的物流市场更加开放、竞争更加公平,推动整个区域物流行业的快速发展。这将有助于提高浙江四大都市圈的整体竞争力,吸引更多的投资和合作机会。

六、资源共享与整合

在浙江四大都市圈物流协同发展的战略中,资源共享与整合扮演着关键角色。这一战略不仅有助于优化资源配置,提高物流效率,还能为各都市圈带来可持续的竞争优势。通过共享设施、技术和人才,我们能够更好地应对挑战,实现更高水平的协同发展。接下来,我们将深入探讨资源共享与整合的具体策略和实施路径,为浙江四大都市圈的物流协同发展开辟更广阔的前景。

建立共同资源库,包括设施、技术、人才等,各都市圈可以在需要时共享这些资源,避免重复建设和浪费。通过共同协议,各都市圈的物流网络可以进行整合,形成高效的运输通道,减少物流成本。合作进行物流设备和车辆的共同采购,以降低采购成本,提高设备利用率。合作研发新的物流技术和解决方案,共享研发成果,提高创新能力。建立人才共享机制,各都市圈可以共享物流领域的专业人才,填补人才缺口。合作整合仓储设施和库存管理,实现更高效的库存转换和货物流通。鼓励设施共用,如共用仓储、货运站点等,以提高资源的利用率。建立信息共享平台,促进各都市圈之间的信息共享,协同作业。

通过资源共享与整合,各都市圈可以最大化地利用已有资源,降低成本,提高效率,增强合作的可持续性。这有助于构建更强大的物流体系,为区域内企业提供更具竞争力的物流服务,同时促进浙江四大都市圈的整体经济发展。

七、跨区域合作项目

在浙江四大都市圈的物流协同发展战略中,跨区域合作项目的制定和实施将成为推动区域经济蓬勃发展的关键因素。这些项目不仅有助于提高物流效率,还促进了区域内不同都市圈之间的合作,为物流产业和整个经济体系的繁荣带来了新的机遇。接下来,我们将深入探讨跨区域合作项目的具体战略和实施方案,为浙江四大都市圈的物流协同发展提供更加清晰的指引。

各都市圈可以共同投资兴建物流通道,包括道路、铁路、水运和空运线路,以加强各地之间的物流连接,提高货物运输效率。建立跨境贸易园区,促进国际贸易和跨境电商发展。这些园区可以提供便捷的海关清关服务和物流配送,吸引更多企业参与贸易。开发统一的物流信息平台,将各都市圈的物流数据整合在一起,以实现货物实时跟踪、运输调度和需求预测等功能。合作开发物流园区,提供先进的仓储、配送和加工服务,为企业提供更便捷和高效的物流解决方案。协同发展产业链,鼓励企业在不同都市圈之间建立供应链合作,实现生产、仓储和销售的优化。合作推动物流科技创新项目,如物流自动化、智能物流和绿色物流技术,提高物流行业的竞争力。合作推广浙江四大都市圈的物流品牌,提高其在国内和国际市场上的知名度,吸引更多客户和投资者。

通过跨区域合作项目,各都市圈能够实现资源的最大化利用,共同应对物流发展中的挑战,推动区域物流协同发展,增强区域竞争力,提高整体经济效益。这些合作项目将为浙江四大都市圈的物流产业开辟新的增长机会,实现更高水平的发展。

八、人才培训与交流

在浙江四大都市圈的物流协同发展战略中,人才培训与交流是不可或缺的一环,它不仅为物流行业输送了新的活力和创新思维,还为整个区域经济的繁荣奠定了坚实基础。通过培养和交流,我们能够不断提高物流从业人员的素质,推动浙江四大都市圈的物流业实现更高水平的发展,为区域内企业的竞争力提供强大的支持。接下来,我们将深入探讨人才培训与交流的具体策略和实施途径,为浙江四大都市圈的协同发展打下坚实的人才基础,铸就更加光明的未来。

各都市圈可以共同制定培训计划,为物流从业人员提供跨区域培训课程,涵盖物流管理、运输技术、供应链管理等领域。建立与高校和研究机构的合作,共同开展物流领域的研究项目和技术创新,培养更多具备创新思维和实践经验的人才。创建物流人才交流平台,促进各都市圈之间的人才流动,分享最佳实践和经验,丰富物流领域的专业知识。制定一致的物流专业认证标准,开设统一的培训课程,确保培训内容与要求的一致性。制定人才引进政策,吸引高层次、高技能的物流从业人员加入各都市圈的物流企业。设立青年人才培养计划,培养新一代物流领域的年轻人才,为行业的可持续发展注入新的活力。建立物流行业的职业发展通道,提供晋升机会和发展计划,激励人才在物流领域长期发展。

通过人才培训与交流,各都市圈可以共同提高物流领域的人才素质,推动物流行业的现代化和国际化发展,增强浙江四大都市圈的整体竞争力。这将为区域内的企业提供更多高素质的物流从业人员,提高物流服务质量,推动整个区域的物流协同发展。

九、定期评估与调整

在浙江四大都市圈的物流协同发展策略中,定期评估与调整起着至关重要的作用。更详细的性能指标设定、数据收集、评估报告制定和战略调整决策将有助于确保这一过程的科学性和有效性。定期的评估和调整,不仅有助于提高物流协同发展的效率,还能够不断优化合作计划,为浙江四大都市圈的物流体系带来新的活力。在接下来的部分,我们将深入探讨定期评估与调整的详细策略和实施方法,为促进区域物流的协同发展提供坚实的指导,创造更加繁荣的未来。

性能指标的设定需要考虑到各都市圈的具体情况和发展目标。这包括但不限于:物流成本,确保物流成本在协同发展中得到有效控制和降低;交付时间,优化物流网络,减少交付时间,提高客户满意度;客户满意度,定期测量客户满意度,收集反馈,及时作出改进;环境指标,考虑生态环境和可持续性因素,如减少碳排放等。

建立先进的数据收集系统,确保各都市圈能够获取准确和实时的物流数据。这包括但不限于:运输效率数据。如货物运输时间、运输成本、装卸时间等;库存水平数据,跟踪库存水平,避免过高或过低的库存。市场份额数据,监测市场份额的变化,了解竞争状况;客户反馈数据,收集客户反馈,了解客户需求和满意度。

制定评估报告是确保评估过程的系统性和有效性。报告应包括但不限于以下内容:评估目标和指标的达成情况;问题识别和分析,包括物流效率、成本控制等问题;成功案例和最佳实践分享;战略调整和改进措施的建议。

战略调整需要基于评估报告的结果,并根据情况采取适当的措施。这可能包括但不限于:修订战略目标和计划,以反映新的市场条件和机会;调整资源分配,确保合作项目得到充分支持;优化合作计划,包括物流通道、仓储、供应链等;针对问题和挑战采取针对性的改进措施。

定期的战略评估和调整需要各都市圈之间建立有效的协商机制。这包括召开定期会议,使各方能够就评估结果和调整方案展开深入讨论。协商过程应该透明和公平,各方的意见和建议都应得到充分的考虑。共同协商不仅有助于解决战略调整中可能出现的分歧,还可以促进更紧密的合作和协调。

建立信息共享平台是确保各都市圈之间实时了解战略评估和调

整的关键。这个平台可以用于分享评估报告、数据分析结果、市场趋势信息等。通过信息共享,各都市圈能够更好地协同行动,避免信息不对称,提高决策的质量和时效性。这也有助于建立信任和透明度,增强合作的可持续性。

定期的战略评估和调整应被视为一个不断改进的过程。这意味着各都市圈需要持续学习和反思,不断寻找改进的机会。评估结果和调整计划的实施后,应定期检查其效果,并根据反馈和经验不断调整和改进战略。持续改进的文化有助于保持敏捷性,确保战略的有效性和适应性。

通过更详细的协商、信息共享和持续改进,浙江四大都市圈可以确保定期评估与调整的顺畅进行,使其物流协同发展战略保持灵活和高效。这将有助于提高整个区域物流体系的协同水平,增强竞争力,推动可持续的发展。

第五节　都市圈物流协同发展的内容

都市圈物流协同的内容是多方面的,包括区域互联互通、物流功能资源整合、区域物流需求协同等,旨在提高都市圈内物流效率和服务质量,降低物流成本和提高物流价值。

一、物流设施互联互通

区域物流基础设施互联互通,是指通过在不同地区之间建立高效的物流运输网络,实现不同地区之间的物流基础设施互联互通,提高基础设施协同运作效率。其目的是提高物流运输效率、降低运作成本,促进区域经济的发展。

一是建立高速公路、铁路、航空等多个运输方式组成的交通运输网络,实现不同地区之间的快速连接。二是推广智能交通技术,将信息技术、通信技术、控制技术等应用到交通运输领域,例如电子收费、动态交通指导等,政府可以出台政策支持和经济激励,促进智能交通技术的应用和普及,提高运输效率和安全性。三是建立统一的信息平台,通过对各种物流基础设施和线路的信息进行整合,实现物流信息的共享和流通,实现物流基础设施间信息的无缝协同,可以为物流企业、政府等提供更准确、更全面的物流信息,从而更好地为公众服务,优化物流资源配置,提高信息的透明度和准确性;四是加强都市圈间的合作和协调,促进物流基础设施互联互通的实现,推动区域经济的发展。五是运营协同,不同的物流基础设施之间通过协调运营计划、设施使用等,实现物流基础设施的协同运作,避免重复运营和浪费,提高运营效率和节约成本。

通过实现区域交通基础设施互联互通,可以有效地促进区域经济的发展,提高交通运输效率和安全性,降低运输成本和物流配送时间,为区域的企业和居民带来更多的便利和发展机遇。

二、物流功能资源整合

物流功能资源整合是指在都市圈范围内,各地区和企业之间共享物流资源,例如运输设施、仓储设施、配送资源等,通过物流网络和信息平台,实现物流资源的高效利用。物流资源协同的目的是实现资源的共享和互补,以达到优化物流服务的效果,提高企业的竞争力。

实现货物集中配送,将多个货物以同一时间集中配送,减少运输次数和成本;物流信息共享,通过建立统一的物流信息平台,实现物流信息的共享和流通,减少信息不对称和重复投入;物流设施共享:将多个物流企业的物流设施进行共享,例如仓库、配送中心等,减少设施建设和维护成本;物流车辆共享,多个物流企业共享物流车辆,减少车辆闲置时间和成本;物流企业合作,通过加强物流企业间的合作和协同,实现物流资源的共享和互补,提高物流行业整体竞争力。

通过物流资源协同,可以实现物流效率的提高和成本的降低,为企业带来更多的利润和竞争优势。

三、都市圈物流需求协同

都市圈物流需求协同是指都市圈内的政府部门、物流企业等参与主体规划和提供物流基础设施时,要充分考虑都市圈内的生产需求、消费需求和流通需求,据此组织物流体系,实现区域物流需求协同。物流需求与物资在生产消费流通过程中产生的需求直接相关,在制定或预测物流需求规模时需要充分考虑物资和原材料生产流通的规模和预期水平,了解区域内物流服务主要的产业,分析该区域内的物流需求特征,并能根据生产、消费和流通需求的变化作出适时的调整,使物流需求与之相适应。

物流服务升级。物流服务升级是指在都市圈内各物流主体通过合作创新、整合服务资源等方式,推动物流服务升级,例如增加物流服务品种、提高服务质量等,以更好地满足客户需求。

信息化建设。信息化建设是指在都市圈内建立起高效的物流信息平台,实现物流信息的共享、交流和管理,以提高物流的可视性和透明度。

人才培养。人才培养是指在都市圈内加强物流人才的培养和引进,增强物流人才队伍的整体素质和能力水平,为都市圈物流协同的发展提供有力的人力保障。

总之,都市圈物流协同的内容是多方面的,需要通过多种方式和手段实现各个方面的目标,以实现资源的共享、效率的提高和成本的降低。

第六节　都市圈物流协同发展的促进机制

浙江都市圈物流协同发展需要建立起一系列促进机制,例如区域协同合作机制、政策引导机制、协同平台机制、信息共享机制、评价激励机制等,以推动各物流主体之间的协同合作,实现物流资源共享、流程优化、效益提升等目标。

一、区域协同合作机制

物流区域协同合作机制是指在一个有连续的经济区域内,在物流产业中建立协作、协调、互补和资源共享的机制,以提高物流服务质量和运营效率的一种制度化安排。

物流区域协同合作机制的主要实现措施包括以下几个方面。

一是建立区域物流协同合作的组织机构,建立区域物流协同大会、联席会议、工作小组等机构,促进双方间的协调配合和资源共享。可以定期举办区域物流协同大会,邀请区域内各城市、各行业的物流相关企业和机构参加,共同探讨物流产业的发展趋势、政策制定、技术创新等重要议题,大会可以设立多个工作小组,针对具体问题进行深入研讨和合作。联席会议,可以建立区域物流协同合作的联席会议制度,定期召开会议,由各城市、各行业的物流相关企业和机构共同参与,针对具体合作项目进行协调和推进。联席会议可以设立专项工作小组,负责具体执行和落实各项合作内容。工作小组,可以根据具体合作项目设立不同类型的工作小组,如物流规划小组、物流技术小组、物流管理小组等,工作小组应由各城市、各行业的物流相关企业和机构共同参与,负责具体执行和落实各项合作内容。协调配合机制,应建立有效的协调配合机制,促进各城市、各行业之间的物流相关企业和机构之间的协调配合。可以定期召开协调会议,针对合作中出现的问题进行沟通协商,寻求解决方案。

二是引导物流企业打通物流产业链,通过区域性物流企业交流会、行业论坛等形式,推动物流企业之间的深度合作与互补,为协同合作打通物流产业链奠定基础。建立区域性物流企业交流会机制:可以定期组织区域性物流企业交流会,邀请区域内各城市的物流企业参加,分享经验、探讨问题、寻求合作机会。可以设立专门的主题,如供应链协同、多式联运等,让企业能够深入交流和探讨相关议题。举办行业论坛:可以定期举办不同领域的物流行业论坛,如智慧物流、绿色物流等。通过专家报告、企业分享、展览展示等形式,让企业了解行业发展趋势和技术创新方向,促进企业间的交流和合作。

三是加快物流标准体系建设,以"浙江标准"引领物流标准化创新,支持具备条件的物流企业、行业协会主导或参与制定省级地方标准、"浙江制造"标准、行业标准以及国家标准工作。积极组建相关物流标准化技术组织或物流标准化联盟,构建与全国和国际接轨的物品编码、物流设施、物流作业、现代物流信息标准化体系。重点在食品、医药、农产品等领域开展供应链全域物流信息基础标准化试点,培育一批物流标准化创新主体。

四是共同制定都市圈物流优惠政策,根据物流企业需求,制定吸纳物流人才、优惠税收、土地给予等优惠政策,促进物流区域间合作的引导和支持。

物流区域协同合作机制的建立不仅可以促进物流行业的发展,还可以提高物流服务质量和效率,降低物流成本,提升整个区域的物流运行水平,进一步优化区域经济结构布局,为地区经济发展带来巨大推动力。

二、政策引导机制

政府应通过政策引导,促进物流企业和区域城市之间的协同合作,例如通过优惠政策、税收鼓励、专项资金等方式,鼓励各城市和企业积极参与协同合作。

政策扶持方面,政府可以在土地、财税、金融等方面给予政策扶持,为都市圈物流协同发展提供税收优惠、土地使用优惠、金融支持等支持政策。

1. 土地支持政策

区域物流发展需要大量的土地资源来建设物流园区、物流中心、仓储设施等配套设施,因此土地政策对区域物流发展起着至关重要的作用。

土地供给方面,政府应该积极出台土地供给政策,通过发放土地、土地租赁和出让等方式,鼓励按交通运输用地性质出让土地,减少物流土地使用成本,为物流企业和园区提供必要的土地资源。土地发放,政府可以通过直接发放土地给物流企业和园区,以满足他们的土地需求,这种方式可以降低他们的土地获取成本,并减少不必要的交易环节。土地租赁,政府可以将土地以租赁的方式提供给物流企业和园区使用,这种方式可以使企业和园区获得稳定的土地使用权,并降低他们的初期投资成本。土地出让,政府可以通过公开拍卖或招标的方式将土地出让给物流企业和园区,这种方式可以鼓励企业和园区通过市场竞争来获得土地使用权,同时也可以为政府带来一定的财政收入。交通运输用地出让,政府可以专门针对交通运输用地制定特殊的出让政策。例如,可以降低此类用地的出让价格,或者提供更为灵活的土地使用条款。这有助于降低物流企业和园区的土地使用成本,并促进他们在此类土地上投资和发展。土地储备制度,政府可以建立土地储备制度,以储备和提供适量的土地供应,这可以确保在市场上有足够的土地供应,防止土地价格过高对物流企业和园区造成压力。土地使用规划,政府可以在城市规划和交通运输规划中优先考虑物流企业和园区的土地需求,这有助于确保他们在城市中有足够的土地用于建设和运营。土地开发与基础设施建设,政府可以与物流企业和园区合作,共同开发土地和建设基础设施。这可以降低企业和园区的初期投资成本,并加速项目的实施。这些土地供给政策可以为物流企业和园区提供必要的土地资源,降低他们的土地使用成本,促进物流行业的发展。当然,这些政策的实施需要政府进行详细的规划和执行,以确保其有效性和可持续性。

土地税收政策方面,政府应该出台土地税收政策,对于区域物流企业和园区给予一定的税收优惠,鼓励其积极发展。降低税率,政府可以通过降低土地使用税、房产税等税率,来减轻物流企业和园区的税收负担。这样可以使他们在相对较低的税收环境下更好地发展。税收减免,政府可以规定在特定时期内对物流企业和园区给予一定的税收减免。这可以帮助这些企业在初期阶段更好地起步和发展。税收返还,政府可以设立一种制度,根据物流企业和园区对地方经济和就业的贡献,将一部分税收返还给这些企业,这可以激励他们加大投资和扩大规模。优惠券和抵免,政府可以向物流企业和园区发放优惠券或允许抵免,以减少他们的税收负担。这可以鼓励他们进行更多的投资和发展。加速折旧:政府可以允许物流企业和园区采用加速折旧法来计算土地和建筑物的折旧。这可以使他们在更短的时间内回收投资,并更快地进行扩张。设立特别基金,政府可以设立一个专门用于支持物流企业和园区的基金,该基金可以由政府提供一定的资金,并吸引其他投资者参与,该基金的收益可以用于支持企业的发展和基础设施建设。投资税收抵免,政府可以允许物流企业和园区将其投资的资产价值作为税收抵免,以减少他们的税收负担,这可以鼓励他们进行更多的投资和创新。这些税收优惠政策可以单独或结合使用,以鼓励物流企业和园区更好地发展,并推动区域经济的增长。当然,这些政策的实施需要政府进行详细的调研和规划,以确保其有效性和可持续性。

土地利用规划方面,政府应该制定土地利用规划,明确土地使用范围和用途,指导区域物流设施的合理布局和空间规划,将物流规划与土地利用规划、城市规划、交通运输规划、港口发展规划等相衔接,促进物流系统整体优化。制定专项规划:政府可以制定专门的土地利用规划,明确物流设施的土地使用范围和用途。通过规划,政府可以确定物流设施的规模、布局和开发顺序,确保土地资源的合理配置。衔接其他规划:物流规划应当与土地利用规划、城市规划、交通运输规划、港口发展规划等相衔接,这可以确保物流设施的建设和发展与整个城市或地区的规划目标相一致,避免不合理的布局和冲突。优化布局和空间规划,政府应当根据市场需求、交通条件、产业发展等因素,对物流设施进行合理的布局和空间规划。这可以促进物流系统的整体优化,提高物流效率和降低成本。考虑环境保护,在制定土地利用规划时,政府应当充分考虑环境保护因素。例如,合理安排物流设施的位置,避免对周边居民区和生态环境造成影响。制定弹性规划,政府可以制定具有弹性的土地利用规划,以适应市场变化和不确定性因素。例如,政府可以预留一定的土地资源作为未来物流设施发展的备用地,以满足不断变化的物流需求。加强公众参与,政府可以通过公开征集意见、听证会等方式,加强公众参与在土地利用规划制定过程中的作用。这可以提高规划的透明度和可接受度,确保规划符合广大人民群众的利益。定期评估与调整:政府应当定期对土地利用规划进行评估和调整,以适应市场和社会发展的变化。评估结果可以作为调整规划的依据,以保持规划的时效性和可行性。通过以上措施,政府可以制定科学合理的土地利用规划,指导区域物流设施的合理布局和空间规划,促进物流系统整体优化。这有助于推动区域经济的发展和提升物流行业的竞争力。

土地资源配置方面,政府应该加强对物流用地资源的配置和管理,优化区域物流用地,提高物流用地的利用效率和空间利用效益。优先保障重点物流项目用地,政府应当优先保障重点物流项目的用地需求,确保其合理布局和顺利建设。对于具有战略意义或对区域经济发展有重大影响的物流项目,政府可以给予特殊的用地政策支持。盘活存量物流用地:政府可以采取措施盘活存量物流用地,提高土地利用效率。例如,政府可以通过政策引导和市场机制,鼓励企业将闲置的物流设施进行改造或再利用,以减少土地资源的浪费。推动土地集约利用,政府可以推动土地的集约利用,鼓励物流企业采取高层建筑、立体仓库等方式,提高土地的空间利用效率。同时,政府可以限制对土地粗放式利用的行为,避免土地资源的浪费。

土地保障方面,政府应该制定土地保障政策,确保物流企业和园区能够得到稳定的土地供应和租赁环境,降低其市场风险。长期租赁政策,政府可以设立长期租赁政策,为物流企业和园区提供稳定的土地使用权,通过签订长期租赁合同,企业和园区可以获得一定期限内的土地使用权,并可以在合同期内进行投资和建设,这有助于降低企业和园区的市场风险,鼓励他们进行长期投资。土地储备制度,政府可以建立土地储备制度,专门为物流企业和园区储备一定数量的土地。这样可以确保在市场上有足够的土地供应,防止土地价格过高给企业和园区带来压力,同时,政府可以通过土地储备来引导市场,合理安排物流设施的建设和发展。优先供应政策,政府可以制定优先供应政策,对于符合一定条件和标准的物流企业和园区,给予优先供应土地的待遇,这可以鼓励优秀的物流企业和园区优先获得土地资源,推动整个行业的升级和发展。租金稳定政策,政府可以设定租金稳定政策,确保物流企业和园区的土地租金保持稳定,这样可以避免租金大幅波动给企业和园区带来不必要的经济压力,政府可以通过制定租金指导价或限制租金上涨幅度等方式来实现这一目标。土地使用权保障政策,政府可以出台土地使用权保障政策,确保物流企业和园区在获得土地使用权后,不会被随意收回或干扰,这样可以增加企业和园区的投资信心,鼓励他们进行长期投资和建设。联合开发政策,政府可以鼓励物流企业和园区与当地政府或开发企业进行联合开发。通过联合开发,企业和园区可以获得更多的资源和支持,降低市场风险,同时也可以促进当地经济的发展。这些土地保障政策可以为物流企业和园区提供稳定的土地供应和租赁环境,降低他们的市场风险。同时也可以增加企业和园区的投资信心,鼓励他们进行长期投资和建设,进一步推动物流行业的发展和提升区域经济的竞争力。

土地使用管理方面,政府应该加强对土地使用的管理和监管,规范区域物流企业和园区的土地使用行为,降低对物流用地的亩均税收标准,减少物流用地的压力,同时也要避免土地资源浪费和乱占现象。制定用地规范,政府可以制定区域物流企业和园区的用地规范,明确土地使用的具体要求和标准。这可以包括土地用途、建筑密度、容积率、绿化带设置等方面的规定,以确保土地使用的合理性和规范性。加强土地审批,政府应当加强对物流企业和园区土地使用的审批和管理,严格控制土地使用权的授予和变更,对于不符合用地规范的企业和园区,政府应当不予审批或暂停其土地使用资格。建立评估机制,政府可以建立物流用地评估机制,定期对物流企业和园区的土地使用情况进行评估,根据评估结果,政府可以采取相应的奖惩措施,对于高效利用土地的企业和园区给予优惠和奖励,对于浪费土地资源的企业和园区给予警告或处罚。亩均税收标准,政府可以降低对物流用地的亩均税收标准,以减轻企业和园区的负担。这样可以降低他们的土地使用成本,鼓励他们在提高物流效率和降低成本方面进行更多的投入和创新。加大执法力度,政府应当加大对物流企业和园区土地使用行为的执法力度,对于违规使用土地的行为要依法严惩,这样可以维护土地市场的秩序,保障合法企业和园区的权益。培训与指导:政府可以组织针对物流企业和园区的用地培训与指导活动,提高他们对土地使用规范的认识和遵守能力,通过培训,企业和园区可以了解更多关于合理使用土地的知识和方法,从而更好地规划和管理自己的用地。

通过以上措施,政府可以加强对土地使用的管理和监管,规范区域物流企业和园区的土地使用行为,降低对物流用地的压力并避免浪费和乱占现象。这有助于保护土地资源,提高物流用地的利用效率和空间利用效益,进一步推动物流行业的发展和提升区域经济的竞争力。

土地政策是区域物流发展的重要保障,应该从供给、税收、利用、保障、管理等方面进行全面的政策设计和落实,为区域物流发展提供有力的支持。

2. 资金支持政策

一是完善物流多式联运扶持政策,支持有关地市制订完善多式联运扶持政策,引导集装箱海铁联运、海河联运、江海联运(江海直达)等多式联运发展。政府应当制定针对多式联运发展的扶持政策,包括财政补贴、税收优惠、贷款扶持等,以引导和鼓励多式联运的发展。此外,政府还可以设立专门的基金或投资公司,对多式联运项目进行直接投资或提供担保,以吸引更多的社会资本参与。

二是航空货运航线扶持补贴是指为促进航空货运业的发展,政府或相关的航空运输机构为航空货运企业提供的一种补贴政策。航线开通补贴,政府根据航空货运企业开通新航线的情况,给予一定的补贴,包括开通航线的初期资金、运营成本的部分或全部补贴等;航线运营维持补贴,政府鼓励航空货运企业长期开通、维护、深化航线网络以提高服务质量,可以提供相应的经营维持补贴。物流保险费用减免:政府为鼓励航空货运企业缩小物流保险费用,提供物流保险费用减免的措施。

三是优化应急物流专项扶持政策,开展构建应急物流网络专项行动,推动构建省市县三级联动的应急物流响应机制,建立全省统一的应急物流指挥调度中心和应急物流数字化管控平台,培育壮大一批社会化专业化应急储备和物流服务主体。构建应急物流网络:开展构建应急物流网络专项行动,推动构建省市县三级联动的应急物流响应机制。这需要加强各级政府之间的合作,建立有效的信息共享和协调机制,确保应急物流资源的合理配置和快速响应。加强对应急物流领域的人才培养,提高应急物流从业人员的专业素质和技术水平。可以鼓励高校开设应急物流相关专业,或者通过培训课程和工作坊等方式对应急物流人员进行专业技能培训。

四是可加大对物流园区建设的支持,提供财政资金和优惠政策,鼓励各地建设现代化、智能化、绿色化的物流园区,鼓励物流企业在物流园区或场所建设或更新保障设施,给予资金支持或税收优惠。财政资金支持,政府可以设立专门的物流园区建设基金,提供财政资金支持,鼓励各地建设现代化、智能化、绿色化的物流园区。这些基金可以用于基础设施建设、技术更新、环境保护等方面的投入,以推动物流园的快速发展。政府可以制定一系列优惠政策,例如,提供税收优惠、土地使用优惠、水电气价格优惠等,以降低建设成本和运营成本,吸引更多的企业和投资者参与物流园区的建设和发展。

五是加大对物流基础设施建设投入,包括加强公路、铁路、航空、水运等交通运输网络的建设,提高交通运输效率,优化道路交通环境,特别是要加强杭州都市圈内杭州与湖州、宁波都市圈宁波与台州、温州都市圈温州与丽水之间等城市之间的互联互通基础设施建设,要加强杭州都市圈与宁波都市圈两个都市圈之间物流协同网络搭建。

完善重大物流通道设施网络。全面深化"大通道"建设工程,加快推进三个"1 小时交通圈"补短板重大项目。建设"四纵四横多联"货运铁路网,加密大湾区货运网,加快推进金甬铁路、通苏嘉甬铁路、沪乍杭铁路等项目建设。强化港口航运物流网络,加强港口和航道锚地建设,重点建成梅山千万级集装箱港区,加快高等级内河航道提升改造,推进京杭运河杭州二通道、浙北内河集装箱运输主通道、钱塘江三级航道整治等项目,加快开展浙沪合作小洋山北支线码头项目前期。完善现代公路网络,建成智慧高速 1,000 公里,加快建成宁波舟山港主通道、钱江通道北接线等,推动繁忙通道扩容改造。完善原油、成品油及化工输送管道网络,服务支撑浙江自贸试验区舟山绿色石化基地和国际油品储备基地建设。

提升多式联运设施衔接水平。加强进港铁路支线建设补短板,重点推进头门港铁路支线二期、梅山铁路支线和北仑支线复线、衢州四省边际多式联运枢纽港铁路专用线等一批进港铁路支线项目，着力提升大型工矿企业和新建物流园区的铁路专用线接入比例。优化海公联运设施衔接，重点完善以海港和陆港为核心的公路集疏运体系。优化江海联运衔接体系，进一步完善宁波舟山港核心港区江海联运配套航道及码头开发，强化船型标准与长江航道、沿江港口泊位的配套衔接。完善海河联运，打通内河航运主通道，全面提升海河联运揽货能力。强化陆空联运，完善空陆侧交通通道和机场内多货站中转通道，重点推进杭州临空经济区保税大道南延等项目建设，全面提升全货机间、国际与国内、各异地货站间中转衔接效率。全面建成舟山新奥 LNG 接收站外输管道、上三线（新昌—三门段）、萧山—义乌线、杭甬复线等天然气省网干线项目，加快推进宁波、舟山绿色石化基地管道集疏运项目建设。

六是鼓励各地加强物流信息化建设，给予资金扶持，提高物流信息的共享和交互，推广物流企业信息化技术应用，提高物流效率和服务水平。政府加强对物流业的支持和引导，制定一系列促进物流协同发展的政策和管理措施，鼓励物流企业加强合作，促进区域物流协同发展。

七是完善物流创新发展支持政策，支持物流园区、大型仓储基地、大型快递分拨中心等开展智慧化改造，加强对冷链物流、智能物流、仓储物流等物流装备研发指导和首台（套）产品认定，给予首台（套）保险补偿等支持。政府为鼓励物流企业采用环保和节能的技术、产品和设备，会给予相应的补贴。

八是政府加强对物流人才的培养和引进的资金扶持，建立物流人才培训机制，提高物流人才的综合素质和管理能力，为区域物流协同发展提供人才支持。

政策协同,政府可以加强与其他相关政策的协同,如交通、环保等政策,推动都市圈物流协同发展。例如,在交通规划中考虑物流需求,促进物流与交通的协同;在环保政策中加强对物流企业的监管,促进物流的绿色发展。通过政策引导,可以促进都市圈物流协同发展,提高物流效率,降低物流成本,提高服务质量,增强都市圈的竞争力。

三、协同平台机制

都市圈物流协同可以通过建设协同平台,实现物流资源整合、流程优化、信息共享等目标,促进各物流主体之间的协同合作。

都市圈物流协同发展的协同平台机制是指通过建立协同平台,实现都市圈物流产业链上下游企业的协同配合,提高物流效率和服务质量,降低物流成本,推动物流产业健康发展。具体的协同平台机制包括以下方面:

1. 构建区域物流资源整合平台

区域物流资源整合平台,指通过整合区域内的物流资源,建立一个可用性强、可靠性高、效率高的物流服务平台。

首先,确定整合范围和类型,相关部门可以确定整合范围和类型,包括物流企业、物流设施(如港口、铁路、公路等)、人才、信息等物流资源。第二,建立统一的平台,包括物流信息与交易平台、物流企业之间协同工作平台、物流管理平台等,实现物流资源信息的共享、服务管理的统一调配、交易流程的标准化等。第三,制定标准化服务流程,政府可以根据区域物流发展需求,制定统一的物流服务流程,包括物流服务订购与查询、物流机构与配送商管理、信息传递等标准化服务流程,以便于执行和管理。第四,优化物流配送网络布局,针对区域内的物流配送网络布局进行优化,建立高效物流配送网络,强化区域物流服务的连通性和互联互通性。第五,推广并引导企业加入。政府可以通过补贴、优惠税费等手段,优先选择入驻企业,在提升区域中小物流企业的整体实力的同时,还可以增强整个区域物流产业的发展能力。

总之,通过区域物流资源整合平台的建立,可以实现物流资源的合理调配,提高物流服务质量和效率,推动区域经济高质量发展,并促进整个物流产业的协同发展。

2. 构建区域物流产业协同发展平台

物流产业协同发展平台是指整合区域内物流产业相关主体资源,实现产业链上游、中游、下游之间的协同发展,促进物流产业实现更高效、更智能、更可持续的发展。

建立完整的物流产业链,包括货物流通、物流信息化、运输配送、仓储交付等环节的建设,实现物流各环节之间的无缝对接与数据共享。建立物流平台,建立信息化的平台,连接产业链上下游企业,提供供应链、物流解决方案、资讯等服务,创造协同发展氛围。强化服务能力,加强线上线下服务能力,建立公司、物流园区等服务体系,满足物流主体的需求,持续提升服务水平,提高用户满意度。持续创新,在物流领域持续进行技术创新和商业模式、管理模式创新,运用物联网技术、云计算、大数据等技术优化整个物流流程,提高物流效率和服务质量。建立物流产业联盟,定期举办产业研讨会、论坛,分享行业信息、经验,建立合作共赢的理念,提高整个物流产业的竞争力和稳定性。

总之,通过物流产业协同发展平台,可以实现物流产业的全面发展,提高产业链各环节的协同效应,打造一个更加高效、智能、绿色的物流产业体系,推动物流行业的可持续发展。

3. 构建物流人才培养平台

物流人才培养平台是旨在提升物流人才素质、推动物流行业发展的一个综合性服务平台。其主要职能是为物流行业培养、输送各层次的物流人才,提高物流从业人员的职业技能,并可为企业提供人才招聘、咨询和培训等服务。

组织学院、培训机构,提供物流专业教育和培训,包括本科、研究生、职业技能培训等不同层次和不同类型的培训,为行业培养各级别的人才。组织职业人才培训,为从业人员提供各层次、各方面的职业培训,包括物流管理、操作技能、软技能等,提高人才素质,以适应行业发展变化。组织企业内训,为企业提供针对性培训课程,帮助企业提高其员工的运营和管理水平,提高企业的竞争力。组织比赛、评选和实践活动,提供组织和参与各类物流相关赛事、评选和实践活动的机会,帮助人才在实践中增加经验,提高素质水平。开展人才招聘服务,为企业提供招聘服务,提供更好的人才供给,帮助企业解决招聘难题。

通过建设健全的物流人才培养平台,可以为行业输送更多的高素质人才,为企业提供更好的人才供给,推动整个物流行业的稳步发展。同时,还可以提高从业人员的职业素质和技能水平,为物流产业的高质量发展提供有力支撑。

4. 搭建物流技术创新平台

物流技术创新平台是指一个专门为物流行业提供技术创新和研发服务的综合性平台,其目的是推进物流行业的数字化、智能化、绿色化转型升级,并提高整个行业的核心竞争力。

技术研发方面,结合物流行业的发展趋势和现有的问题,在智能化、数字化、网络化、大数据等多个方面进行研发,打造集成化、智能化、绿色化的物流技术体系。技术服务方面,为物流企业、业主提供技术支持、问题解决方案和创新性技术实践,如服务扩展、运维管理、专家咨询等。平台建设方面,打造物流技术创新共享平台,集成物流信息、数据、技术和资源,与相关行业建立良好的合作关系,引导企业之间开展深入合作。建设数据中心,建设大数据中心,收集各类物流数据,挖掘并分析数据价值,帮助企业进行数据驱动决策,提高企业的效率和竞争力。创新孵化器,引入高科技人才或者技术应用企业,打造物流产业生态系统,推动信息化技术、平台技术和应用技术的发展。物流技术创新平台的建设与开发可以为推进物流行业向智能化、数字化、绿色化转型升级提供有力支持,推动物流行业实现高品质和可持续发展。同时,还可以激发企业的创新和发展活力,提高整个行业的核心竞争力和适应性。

通过一系列的协同平台机制,可以促进都市圈内物流产业链上下游企业的协同配合,提高物流效率和服务质量,降低物流成本,从而推动物流产业健康发展。

四、信息共享机制

都市圈物流协同发展的信息共享机制是保障协同发展的重要手段之一。搭建区域物流信息共享平台是建立一个集中管理区域物流信息的平台,以实现物流信息共享、提高物流效率、发挥物流产业的优势。

搭建物流信息平台,可以建立物流信息平台或物流信息交换中心,对接不同物流企业的信息系统,建立标准的信息交换协议和格式,实现物流信息的汇集、整合、共享和应用。在平台上,各参与主体可以通过标准接口、协议和数据格式,实现信息的互联互通。

指导和规范物流信息共享,政府可以制定《物流信息安全保障条例》等相关法律法规,规范物流信息的收集、传输和使用等方面,保护物流信息的安全和隐私。加强物流信息安全管理,政府可以对物流企业进行安全评估,加强物流信息安全管理,包括数据备份、灾备恢复、监测预警等措施,防止信息泄露和意外损失。加强监管和处罚,可以加强监管和处罚,针对违反信息安全规定和损害信息安全的行为,采取严格的惩罚措施,保护物流信息的安全和隐私。

建立物流信息收集和共享机制,可以投入资金建立区域物流信息收集和共享机制,和各地的行政管理和监管部门、物流企业等合作,收集包括运输公司、仓储设施、港口、机场、物流园区等的数据,通过统一接口、数据格式和协议,实现不同系统之间的无缝对接和信息共享。

提供技术支持和服务,可以提供新技术和技术服务支持,如区块链技术、云计算、大数据分析等,提高物流信息的安全性、稳定性和可靠性。通过云服务,物流信息可以存储在远程服务器上,这样既可以确保数据的安全性,又可以利用云端的分布式存储提高数据的稳定性。区块链的分布式特性确保了数据的不可篡改性,物流信息存储在区块链上可以确保其真实性和透明性,从而增强了数据的安全性,通过区块链技术,可以实现对物流信息的实时追踪,从源头到终点,所有的操作记录都可以被查看,从而提高了物流的可靠性。利用云计算的处理能力,可以对大量的物流数据进行实时处理和分析,从而提供更准确的物流信息,同时提高数据可靠性。基于大数据分析,可以实时调整物流策略,以提高物流的安全性和可靠性。例如,通过分析交通状况、天气预报等信息来优化运输路线和时间。

促进物流信息交流和共享,政府可以组织相关的物流论坛、研讨会等活动,鼓励物流企业之间的信息共享和经验交流,促进物流业的整体提升。可以建立物流信息分析系统,通过对区域内物流信息的分析和挖掘,推动物流行业发展,优化物流服务质量和效率。收集和整合来自不同来源的物流信息。确保数据的准确性和实时性,以便进行有效的分析。利用数据处理和分析工具,例如数据挖掘、机器学习和人工智能技术,对收集到的数据进行处理和分析,这可以帮助发现数据中的模式、趋势和关联性,从而得出有价值的洞察。

总之,通过建立区域物流信息共享平台,政府可以提高物流效率,优化资源配置,推动物流业的协同发展,实现区域经济的高质量发展。

五、评价激励机制

区域物流评价激励机制是指针对区域物流服务水平和运行效率进行定量测度和评价,建立相应激励措施,以鼓励优质物流企业主动参与区域物流合作和提高物流服务质量。

完善现代物流业统计制度,加快研究建立物流行业统计分类,加快企业样本库扩容提质,加强对物流重点企业运营成本、效率的监测。积极创新统计监管手段,加快打造省级现代物流监管服务平台,实现全供应链端到端监管。充分利用物流业运行景气指数,常态化发布并不断完善省级绿色物流发展指数。

综合考虑亩均经济效益、社会效益和环境效益,推动建立健全以物流业"亩均论英雄"改革为核心的物流绿色高质量发展综合评价体系,根据物流服务和运营情况进行评估,确定优、良、中、差等级别。全过程跟踪监测规划实施情况,定期开展年度监测、中期评估和期末评价。

奖励措施,对表现优异的物流企业,设置一定的奖励措施,如财政奖励、税收减免、技术支持等。建立信任机制,通过建立信任机制,完善信用评级体系,鼓励物流企业自觉履行社会责任,提升企业公信力。市场准入,鼓励符合条件的物流企业加入区域性物流协同合作机制,加强区域物流资源的整合,产生区域物流最佳候选企业。政策支持,通过政策引导,提高物流企业的参与意愿和积极性,增大物流竞争激烈,进而提高企业绩效。

区域物流评价激励机制的建立可以激励优质物流企业积极参与区域物流合作,树立良好的社会形象,促进区域物流服务水平和运行效率的提升,形成良性循环,为区域经济发展提供有力保障。

第八章
结论与展望

本书第二章对都市圈区域物流协同的理论进行了阐述,第三章对浙江区域物流系统的现状进行了系统分析,第四章利用耦合协调度模型对浙江 11 地市物流系统的协同度进行了评价,并分析了其空间差异,第五章利用耦合协调度模型对浙江四大都市圈物流系统的协同度进行了评价,并分析了其空间差异,第六章基于效率视角对浙江四大都市圈及都市圈间的物流系统协同度进行了评价,第七章根据前面的分析结果提出了促进浙江都市圈区域物流协同发展的具体机制,本章根据上述研究的基础总结若干结论,并对研究存在的不足及未来研究方向进行阐述。

第一节　主要研究结论

区域物流协同有利于降低都市圈的物流运作成本,提升物流运作效率,促进都市圈一体化发展。研究对浙江都市圈区域物流进行了系统研究,得出一系列结论,对促进浙江都市圈一体化发展有一定意义。

结论一,基于复合系统论视角来看,应用耦合协调度模型计算得到 11 地市区域物流的协同度,结果表明,浙江 11 地市区域物流系统的协同性较好,11 地市物流的支撑子系统、供给子系统、需求子系统三个子系统的协同性较好,但 11 地市的区域物流协同度存在明显的分异特征,其中,杭州、宁波的物流系统协同度水平最高,排在第一梯队,系统协同度平均值在 0.8 以上;嘉兴、绍兴、舟山、温州、金华、台州排在第二梯队,系统协同度平均值在 0.6—0.7 之间;湖州、丽水排在第三梯队,系统协同度平均值在 0.5—0.6 之间;衢州最差,系统协同度平均值小于 0.5,排在最末位。

结论二,基于复合系统论视角来看,四大都市圈物流系统协同度呈逐年上升趋势。杭州都市圈和宁波都市圈的整体发展协同度值高,杭州都市圈、宁波都市圈物流子系统间的整体协同度已经处于较高的水平,内部各要素保持较高水平的协作状态。温州都市圈和金义都市圈的整体发展协同度值均在增长,但协同度值较差,均低于 0.5 这一关键值,系统内部子系统之间的协同性不足,需求子系统相对较好,而供给子系统和支撑子系统的发展与需求子系统不匹配。

结论三,从区域效率视角来看,杭州都市圈内部,杭州与衢州、绍兴的协同度较高,与嘉兴、湖州的协同度低,杭州都市圈整体效率协同度低,区域内部物流资源布局不够均衡,需要加强杭州与嘉兴、湖州的物流协同;宁波都市圈内部,宁波与舟山、台州的效率协同低,宁波都市圈的效率协同度低,宁波作为宁波都市圈的发展中心,需要与舟山、台州从都市圈视角来整体谋划物流的发展;从温州都市圈协同来看,都市圈内部协同度处于较低程度协同,丽水和温州的交通互动较少,仅有丽水青田准备与温州互联互通发展,二者之间的经济互动也不够。

结论四,从区域效率视角来看,杭州都市圈与温州都市圈和金义都市圈、宁波都市圈与温州都市圈和金义都市圈的区域物流都处于较高协同状态,这与浙江双核城市发展思路相匹配,通过双核发展向周边辐射。但杭州都市圈和宁波都市圈之间的区域物流处于较低协同状态,温州都市圈和金义都市圈的物流也处于较低协同状态,未来,需要进一步加强杭州都市圈和宁波都市圈、温州都市圈和金义都市圈的物流互动发展。

结论五,为促进浙江四大都市圈协同发展,必须构建四大都市圈物流协同发展机制,构建区域协同合作机制、政策引导机制、协同平台机制、信息共享机制和评价激励机制,特别是完善杭州都市圈和宁波都市圈、温州都市圈和金义都市圈之间的重大物流通道设施网络,加强杭州与嘉兴、湖州,宁波与台州、舟山,丽水和温州之间的互联互通,加强衢州、湖州和丽水物流系统的内部建设。

第二节 展望

本书对浙江都市圈物流协同发展评价、分异特征及促进机制进行了一系列的研究,但由于作者精力和水平的限制,本文的研究还存在较多不足之处,未来可以在以下几个方面进行深入的研究:

1. 关于都市圈绿色低碳物流协同发展机制需要进一步展开研究

在这方面,本文计算了浙江物流业的碳排放情况,并对影响因素进行了分析,强调需要注重运输结构的优化,构建高效的综合运输体系,提高智能化水平,但在构建都市圈物流协同发展机制时对这方面考虑有所欠缺。

2. 都市圈物流协同发展机制需要进一步细化论证

本文提出了构建四大都市圈物流协同发展机制,构建区域协同合作机制、协同政策引导机制、协同平台机制、信息共享机制和评价激励机制,但一些机制的执行细节上,特别是协同平台机制、协同政策引导机制等还需要进一步深入细化论证以增强可操作性。

参考文献

Paul Rosenstein-Rodan. Problems of industrialization ofeastern and south-eastern Europe [J]. The Economic Journal, 1943,53(9): 202 - 211.

[德]冯·杜能. 孤立国同农业和国民经济的关系(中译本)[M]. 北京:商务印书馆,1997.

[德]沃尔特·克里斯塔勒. 德国南部中心地原理(中译本)[M]. 北京:商务印书馆,1998.

Talley Wayne. Linkages between transportation infrastructure investment and economic production [J]. Logistics And Transportation Review, 1996(1):145 - 154.

Donald J. Bowersox, David J. Closs, M. Bixby Cooper. 21st century logistics: Making supply chain integration a reality [C]. Oak Brook, IL: Council of Logistics Management, 1999, 612 - 631.

张文杰. 区域经济发展与现代物流[J]. 中国流通经济,2002(1): 12 - 14.

Ying Qiu, Huapu Lu, and Haiwei Wang. Prediction Method for Regional Logistics [J]. Tsinghua Seience & Technology, 2008,

13(5):660 - 667.

李冠霖. 我国物流业的投入产出分析[J]. 中国流通经济,2001(6): 15 - 19.

李靖辉,熊欣. 广东省现代物流业的波及效果分析. 物流科技,2005 (28):27 - 30.

李文顺,刘伟,周宏. 1952—2002 年中国物流增量和增量的协整分析[J]. 中国软科学,2004(12):45 - 49.

刘楠,李燕. 现代物流与经济增长的关系研究[J]. 管理工程学报,200 (1):151 - 154.

崔国辉,李显生. 区域物流与经济发展协整与因果互动机制[J]. 交通运输工程学报,2010,10(5):90 - 96.

邵扬,姚薇娜. 物流业与区域经济增长——基于中国省际面板数据的实证研究[J]. 长春理工大学学报(社会科学版),2010,23(2): 43:45.

陈志新,杨巧红,王林伶. 物流业与区域经济发展的实证分析及对策研究——以宁夏为例[J]. 开发研究,2013,(2):39 - 42.

汪波,杨天剑,赵艳彬等. 区域物流发展水平的综合评价[J]. 工业工程,2005,8(1):83 - 86,93.

李永宁. 区域物流业可持续发展的综合评价[J]. 统计与决策,2009 (05):60 - 62.

金凤花,李全喜,孙磐石. 基于场论的区域物流发展水平评价及聚类分析[J]. 经济地理,2010,30(07):1138 - 1143.

王鹏,张茹琪,李彦. 长三角区域物流高质量发展的测度与评价——兼论疫后时期的物流新体系建设[J]. 工业技术经济,2021,40 (03):21 - 29.

周伟. 京津物流发展比较分析与对策研究[C]. 全国经济地理研究会

第十三届学术年会暨金融危机背景下的中国区域经济发展研讨会论文集.2009:338-349.

赵道致,刘潇.我国区域物流商业生态环境比较分析——环渤海地区物流发展战略对策研究[J].中南大学学报(社会科学版),2005,11(05):625-631.

吴晔.珠三角区域物流业的发展现状、问题及对策研究[D].暨南大学,2009.

倪艳.区域物流业发展的问题与对策——以湖北物流产业为例[J].物流工程与管理,2009,31(11):7-10.

江明光.港口物流与腹地经济协同发展研究[J].黑河学院学报,2017,8(12):58-59.

石褚巍,李强,窦锦.基于最大物流引力支撑树的区域物流协调发展决策研究——以甘肃省为例[J].兰州财经大学学报,2020,36(03):29-42.

谈毅.我国区域物流发展与对策研究[J].特区经济,2004(10):147-148.

曹允春,李彤,林浩楠.我国区域物流业高质量发展实现路径——基于中国31个省市区的实证分析[J].商业研究,2020(12):66-74.

陈俊杰.长三角区域梯度物流发展研究[D].同济大学,2007.

杨平.我国区域物流产业发展问题的研究[D].天津工业大学,2007.

贺玉德,王莎.区域物流系统与区域重点产业协同发展分析——以河北省为例[J].数学的实践与认识,2022,52(08):50-60.

郭湖斌,邓智团.长江经济带区域物流与区域经济耦合协调发展研究[J].当代经济管理,2019,41(05):41-48.DOI:10.13253/j.cnki.ddjjgl.2019.05.006.

夏文汇,周丹,夏乾尹等."一带一路"倡议下重庆国际物流运输与城市经济协同度研究[J].重庆理工大学学报(社会科学),2019,33(11):73-83.

王栋,丁浩.山东省区域物流与区域经济耦合协调发展研究[J].甘肃科学学报,2020,32(06):143-147.

高康,王茂春.区域经济与物流协调发展的系统动力学研究[J].统计与决策,2019,35(08):60-63.

罗建,何传磊,赵蕾等.基于云模型的区域物流与经济耦合度研究[J].交通运输工程与信息学报,2020,18(01):160-167.

邵扬,姚薇娜.物流业与区域经济增长——基于中国省际面板数据的实证研究[J].长春理工大学学报(社会科学版),2010,23(02):43-45.

李根.产业共生视角下制造业与物流业协同发展研究[J].商业经济研究,2016(22):184-187.

徐杰,鞠颂东.区域经济的发展对地区物流需求的影响——长江经济区发展对安徽地区物流需求影响的实证分析[J].数量经济技术经济研究,2003(04):130-133.

焦文旗.区域经济一体化下的京津冀物流协作研究[D].河北师范大学,2008.

王海平.大力推进区域物流一体化协调发展[J].港口经济,2010(08):37.

孙捷.京津冀区域物流效率分析与协同发展机制研究[D].天津理工大学,2016.

万艳春,何昱廷,胡雨鋆.粤港澳大湾区区域经济与物流的协同度评价——对粤港澳大湾区物流投入的启示[J].科技管理研究,2019,39(20):45-52.

Jean-Francois Arvis. Flexibility in logistic systems-modeling and performance evaluation Int [J]. Production Economics, 2008 (7):215 - 223.

Humphrey, H Schmitz, Governance and upgrading: linking industrial cluster and globalvalue chain research(CJ. Brighton: Institute of Development Studies, University of Sussex, 2000: 1 - 23.

Padmore T, Gibson H. Modelling systems of innovation: II. A framework for industrial cluster analysis in regions [J]. Research Policy, 1998,26.

伊俊敏,周晶. 江苏省制造业与物流业的发展水平差异分析[J]. 现代管理科学,2007(07):7 - 9.

邓良. 中国制造业与物流业联动发展实证分析——基于经济转型期行业面板数据分析的视角[J]. 中国流通经济,2013,27(07):29 - 36. DOI:10. 14089/j. cnki. cn11-3664/f. 2013. 07. 007.

弓宪文. 制造业与物流业协调发展测度方法及实证分析[J]. 北京交通大学学报(社会科学版),2016,15(04):74 - 84. DOI:10. 16797/ j. cnki. 11-5224/c. 20161011. 001.

黄建华,张婷婷,陈小琼. 制造业与物流业的二维协同关系研究:以福州市为例[J]. 武汉理工大学学报(信息与管理工程版),2018,40 (06):633 - 638.

弓宪文. 我国制造业与物流业耦合协调测评及空间分异分析[J]. 资源开发与市场,2018,34(02):242 - 248.

张驰,初铭畅. 辽宁省物流业与制造业协同度评价研究[J]. 辽宁工业大学学报(自然科学版),2020,40(04):271 - 274. DOI:10. 15916/ j. issn1674-3261. 2020. 04. 014.

宁方华,陈子辰,熊励. 熵理论在物流协同中的应用研究[J]. 浙江大学学报(工学版),2006(10):1705-1708+1782.

刘炯艳. 基于多 Agent 的协同物流系统协作研究[J]. 统计与决策,2007(19):44-46.

钮小静,武立栋,杨龙. 区域物流多主体系统的协同发展研究[J]. 商业经济研究,2017(15):92-94.

李希成,林云. 基于区域经济的协同物流系统研究[J]. 中国储运,2007(01):119-120.

高健智,赵耀,马鹤龄等. 区域物流系统协调理论的研究[J]. 华中科技大学学报(城市科学版),2008(03):222-225.

周凌云,穆东,李维国. 区域物流系统协同发展的内涵及关联度分析[J]. 物流技术,2009,28(07):12-15+18.

丁明磊,刘秉镰. 基于复杂系统观的区域物流协同创新与演化[J]. 科技管理研究,2010,30(04):176-178.

孙鹏,罗新星. 基于多维空间的现代区域物流协同要素分析[J]. 软科学,2010,24(04):79-82.

兰洪杰,刘志高,李丽等. 基于协同补货的食品冷链均衡研究[J]. 管理工程学报,2012,26(04):107-111.

李建军,舒辉. 区域物流协同成长实证研究[J]. 中国流通经济,2014,28(09):40-45.

刘畅,张晓燕. 物流集群协同的自组织特征和演化机理[J]. 甘肃社会科学,2018(03):236-242.

崔晓迪. 区域物流供需耦合系统协同发展的内涵分析[C]. Proceedings of International Conference on Engineering and Business Management (EBM2010),2010:2796-2800.

杨云峰,芮晓丽,袁长伟. 区域物流系统协同水平测度模型[J]. 长安大学学报(自然科学版),2015,35(04):125-131+152.

高妮妮,马苗苗. 京津冀地区物流业协同测度研究[J]. 经济研究导刊,2020(32):33-34.

杨彦波,李明芳. 基于效率评价的京津冀区域物流协同发展研究[J]. 河北科技大学学报(社会科学版),2015,15(01):21-26+64.

张雪青. "一带一路"区域物流协同发展分析[J]. 统计与决策,2016(08):108-110.

陆华. 区域物流枢纽演进机理及规划研究[D]. 北京交通大学,2015.

刘加顺. 都市圈的形成机理及协调发展研究[D]. 武汉理工大学,2005.

Wang F, XU H. Decoupling Elasticity of Carbon Emissions and Economic Growth of Transportation Industry in Zhejiang Province and its Influencing Factors [J]. Journal of Environmental Protection and Ecology, 2021,2:1-22.

Odeck J, Johansen K. Elasticities of fuel and traffic demand and the direct rebound effects: An econometric estimation in the case of Norway [J]. Transportation Research Part A: Policy and Practice, 2016,83:1-13.

Zhang C, Nian J. Panel estimation for transport sector CO2 emissions and its affecting factors: A regional analysis in China [J]. Energy Policy, 2013,63:918-926.

Aggarwal P, Jain S. Energy demand and CO2 emissions from urban on-road transport in Delhi: current and future projections under various policy measures [J]. Journal of Cleaner Production, 2016,128:48-61.

Han R, Yu B-Y, Tang B-J, et al. Carbon emissions quotas in the Chinese road transport sector: A carbon trading perspective [J].

Energy Policy, 2017,106:298 - 309.

Tian X, Geng Y, Zhong S, et al. A bibliometric analysis on trends and characters of carbon emissions from transport sector [J]. Transportation Research Part D: Transport and Environment, 2018,59:1 - 10.

Pan S, Ballot E, Fontane F. The reduction of greenhouse gas emissions from freight transport by pooling supply chains [J]. International journal of production economics, 2013, 143 (1): 86 - 94.

Kim N S, Janic M, Van Wee B. Trade-off between carbon dioxide emissions and logistics costs based on multiobjective optimization [J]. Transportation Research Record, 2009,2139(1):107 - 116.

Ang B W, Choi K-H. Decomposition of aggregate energy and gas emission intensities for industry: a refined Divisia index method [J]. The Energy Journal, 1997,18(3).

Achour H, Belloumi M. Decomposing the influencing factors of energy consumption in Tunisian transportation sector using the LMDI method [J]. Transport Policy, 2016,52:64 - 71.

Li W, Sun S, Li H. Decomposing the decoupling relationship between energy-related CO 2 emissions and economic growth in China [J]. Natural Hazards, 2015,79(2):977 - 997.

Dai Y, Gao H O. Energy consumption in China's logistics industry: A decomposition analysis using the LMDI approach [J]. Transportation Research Part D: Transport and Environment, 2016,46:69 - 80.

Kwon T-H. Decomposition of factors determining the trend of CO2 emissions from car travel in Great Britain (1970 - 2000) [J]. Ecological Economics, 2005,53(2):261-275.

Roinioti A, Koroneos C. The decomposition of CO2 emissions from energy use in Greece before and during the economic crisis and their decoupling from economic growth [J]. Renewable and Sustainable Energy Reviews, 2017,76:448-459.

Tapio P. Towards a theory of decoupling: degrees of decoupling in the EU and the case of road traffic in Finland between 1970 and 2001 [J]. Transport Policy, 2005,12(2):137-151.

Loo B P Y, Banister D. Decoupling transport from economic growth: Extending the debate to include environmental and social externalities [J]. Journal of Transport Geography, 2016, 57: 134-144.

Alises A, Vassallo J M. Comparison of road freight transport trends in Europe. Coupling and decoupling factors from an Input-Output structural decomposition analysis [J]. Transportation Research Part A: Policy and Practice, 2015,82:141-157.

Román-Collado R, Morales-Carrión A V. Towards a sustainable growth in Latin America: A multiregional spatial decomposition analysis of the driving forces behind CO2 emissions changes [J]. Energy Policy, 2018,115:273-280.

Engo J. Decoupling analysis of CO2 emissions from transport sector in Cameroon [J]. Sustainable Cities and Society, 2019,51.

谢守红,蔡海亚,夏刚祥.中国交通运输业碳排放的测算及影响因素[J].干旱区资源与环境,2016,30(05):13-18.

田云,张俊飚,李波.中国农业碳排放研究:测算、时空比较及脱钩效应[J].资源科学,2012,34(11):2097 - 2105.

王凯,李娟,席建超.中国旅游经济增长与碳排放的耦合关系研究[J].旅游学刊,2014,29(06):24 - 33.

涂红星,肖序,许松涛.基于 LMDI 的中国工业行业碳排放脱钩分析[J].中南大学学报,2014,20(04):31 - 36.

徐盈之,徐康宁,胡永舜.中国制造业碳排放的驱动因素及脱钩效应[J].统计研究,2011,28(07):55 - 61.

周银香.交通碳排放与行业经济增长脱钩及耦合关系研究——基于 Tapio 脱钩模型和协整理论[J].经济问题探索,2016(06):41 - 48.

齐绍洲,付坤.低碳经济转型中省级碳排放核算方法比较分析[J].武汉大学学报,2013,66(02):85 - 92+129.

Kaya Y. Impact of carbon dioxide emission control on GNP growth: interpretation of proposed scenarios [J]. Intergovernmental Panel on Climate Change/Response Strategies Working Group, May, 1989.

冉彪,杨影,潮波等.成渝双城经济圈区域物流与区域经济协调发展研究[J].物流工程与管理,2022,44(09):116 - 118.

周楠,陈久梅,但斌等.高质量发展下区域物流与区域经济时空耦合及影响因素——以长江经济带为例[J].软科学,2022,36(10):84 - 92.

张亚强,桑秀峰.京津冀传统工业城市区域物流与区域经济协调关系的新特征——基于对唐山市协同度的测算[J].当代经济,2022,39(07):67 - 78.

马欣颖.基于复杂网络理论的城市物流网络结构演化研究[D].北京建筑大学,2023.

施云清,余朋林.绿色发展背景下福建省区域物流与旅游经济协调发展研究[J].商业经济,2022(03):64-65+173.

姜欣欣.河北省区域物流与区域经济协调发展研究[D].河北工程大学,2022.

周泰,陈煜,杨嘉铃.区域低碳物流能力协调发展水平测度研究[J].中南林业科技大学学报(社会科学版),2021,15(04):34-42.

徐迎昭.长三角区域物流与区域经济协调发展水平及其影响因素分析[D].山西财经大学,2021.

周泰.低碳视角下区域物流与生态环境协调发展研究[J].统计与信息论坛,2021,36(06):62-72.

孙佳会.长三角港口群-城市群复合系统协同发展研究[D].上海海事大学,2022.

罗丁.中国区域物流效率与创新效率协调发展研究[D].内蒙古财经大学,2022.

耿营营.地区政策对区域物流绩效影响研究[D].辽宁师范大学,2021.

夏莉莉,冯香入.区域物流经济增长与生态环境协调发展分析[J].环境工程,2021,39(05):280.

韩亚茹.省域物流与经济增长的互动关系及协调发展研究[D].浙江工商大学,2022.

丁怡越.高质量发展视角下长三角城市群物流与经济协调机制研究[D].浙江工商大学,2022.

殷艳娜.面向服务型制造的区域物流体系均衡度测量与控制策略研究[D].沈阳工业大学,2022.李虹,李蕾.区域物流、经济增长与生态环境协调发展分析[J].统计与决策,2019,35(12):143-145.毛文富.我国物流产业与区域经济的协调发展评价研究[D].首都经济贸易大学,2018.

胡宗磊. 江西省区域物流龙头企业与区域经济协同发展关系研究[D]. 山东交通学院,2023.

袁辉. 中部地区物流协同发展网络演化特征及其影响因素研究[D]. 中北大学,2023.

刘雪. 区域物流与农业经济协同发展研究[D]. 烟台大学,2023.

梁雯,汪皖珍,桂舒佳. 中国区域经济、区域物流与生态环境协同发展——以长江经济带为例[J]. 湖南工程学院学报(社会科学版),2022,32(04):32-43.

黄淑兰,郑承志. 福建省区域物流与区域经济的关联性与协同度的实证分析[J]. 延边大学学报(自然科学版),2022,48(04):339-346.

唐佳. 低碳视角下区域物流与区域经济协同发展的测度研究——以成渝地区双城经济圈为例[J]. 物流工程与管理,2022,44(10):136-140+111.

崔振洪,王家旭,华振. 我国农产品物流效率评价及影响因素分析[J]. 物流技术,2014,33(09):114-116.

李爱国. 中国物流业效率及其影响因素分析[J]. 物流技术,2012,31(09):149-151+173.

李林. 基于新型制造业的区域物流系统研究[D]. 南京财经大学,2009.

宋则,常东亮. 现代物流业的波及效应研究[J]. 商业经济与管理,2008(01):3-9.

李璐. 都市圈物流规划中的预测研究[D]. 上海交通大学,2007.

章志刚. 现代物流与城市群经济协调发展研究[D]. 复旦大学,2005.

崔宏凯,张林,王子健等. 物流产业发展和区域经济增长的关联效应研究——基于长江经济带三大都市圈的面板数据[J]. 经济问题,2021(03):78-85.

后 记

尊敬的读者：

感谢您阅读这本关于浙江四大都市圈区域物流协同发展评价、分异及促进机制的书稿。本书旨在通过对浙江省四大都市圈的区域物流协同发展进行全面、客观、系统的评价，揭示各都市圈的物流发展水平和协同水平，都市圈间的物流协同水平，并提出相应的优化建议。

本书在撰写过程中，得到了许多专家学者和实践者的支持和帮助。在此，我们向他们表示由衷的感谢。同时，本书还参考了大量的文献资料，在此向这些文献的作者表示感谢。

浙江省四大都市圈的区域物流协同发展是一个复杂而重要的主题。通过对浙江省四大都市圈的区域物流协同发展进行评价和分析，我们希望能够为政策制定者和企业决策者提供有益的参考，推动浙江省及全国的经济发展。

最后，我们希望本书能引发更多关于浙江省四大都市圈区域物流协同发展这一主题的思考和研究，让我们共同期待浙江省四大都市圈的未来发展。

谢谢您的阅读和支持。

王芬

图书在版编目(CIP)数据

浙江四大都市圈区域物流协同发展评价、时空差异及
促进机制研究/王芬著.—上海:上海三联书店,2024.5
ISBN 978-7-5426-8537-7

Ⅰ.①浙… Ⅱ.①王… Ⅲ.①物流—产业发展—研究
—浙江 Ⅳ.①F259.275.5

中国国家版本馆 CIP 数据核字(2024)第 107083 号

浙江四大都市圈区域物流协同发展评价、时空差异及促进机制研究

著　　者 / 王　芬

责任编辑 / 郑秀艳
装帧设计 / 徐　徐
监　　制 / 姚　军
责任校对 / 王凌霄

出版发行 / 上海三联书店
　　　　　(200041)中国上海市静安区威海路 755 号 30 楼
邮　　箱 / sdxsanlian@sina.com
联系电话 / 编辑部:021-22895517
　　　　　发行部:021-22895559
印　　刷 / 上海惠敦印务科技有限公司

版　　次 / 2024 年 5 月第 1 版
印　　次 / 2024 年 5 月第 1 次印刷
开　　本 / 890mm×1240mm　1/32
字　　数 / 180 千字
印　　张 / 6.75
书　　号 / ISBN 978-7-5426-8537-7/F·918
定　　价 / 68.00 元

敬启读者,如发现本书有印装质量问题,请与印刷厂联系 021-63779028